W9-BCC-856

La dieta del Gordo

RAÚL DE MOLINA

LA DIETA
DEL
GORDO

Cómo perder libras sin pasar hambre

Grijalbo

La dieta del Gordo
Cómo perder libras sin pasar hambre

Primera edición: septiembre, 2008
Primera reimpresión: enero, 2009

D. R. © 2008, Raúl de Molina

D. R. © 2008, derechos de edición mundiales en lengua castellana
      Random House Mondadori, S. A. de C. V.
      Av. Homero núm. 544, col. Chapultepec Morales,
      Delegación Miguel Hidalgo, 11570, México, D. F.

www.rhmx.com.mx

Comentarios sobre la edición y contenido de este libro a:
literaria@rhmx.com.mx

ISBN 978-030-739-241-1

Impreso en México / *Printed in Mexico*

A mi madre María, quien fue todo para mí:
madre, padre y hermana, quien falleció a mediados de este año.

A Mily, quien más que una esposa,
ha sido mi compañera en momentos malos
y buenos, y mi gran soporte durante esta dieta.

A mi hija Mía, mi gran alegría de vivir, quien a sus ocho años,
muchas veces se comporta como si fuera de tres
y otras como si fuera de 20.
Y era quien me quitaba las cosas de la mano diciéndome:
"Papi, no puedes comer eso. Estás a dieta".

PRIMERA PARTE

CAPÍTULO 1

Primeros años, primeras libras de más

Cuando salía del colegio y ya estaba a punto de llegar al departamento que compartía con María, mi mamá, siempre me detenía ante la vidriera reluciente y provocadora de **La Yema de Oro**, una dulcería en Madrid por esa época, que estaba al final de la calle Serrano, exactamente debajo de mi casa, en la Plaza del Ecuador número 5. Había todo tipo de dulces, pero mi favorito era una tarta de manzana con pedazos de esa fruta en la parte de arriba, de una textura suave y jugosa, un color dorado y un sabor que no se podía comparar con nada. Y lo mejor venía después, la natilla justo antes del hojaldre que se te deshacía en la boca. Era una experiencia indescriptible, mágica; me sentía tan emocionado y complacido como cuando visitaba las mejores jugueterías de la ciudad.

Yo pensaba: "Como la manzana es una fruta, no debe hacer engordar tanto". A veces me comía hasta tres porciones. Antes podía comer un pedazo de pizza, que también me fascinaba. Los dueños eran unos argentinos que, como ustedes saben, son muy buenos pasteleros porque se creen italianos. Yo siempre había sido un niño gordo y amante de la comida, y en España viví una especie de "redescubrimiento". Era 1970, había llegado de Cuba varios meses antes, en compañía de mi mamá, María, y sus padres. Mi padre, Raúl, quien fue capitán de la Marina, había sido condenado a 27 años de prisión por actos contra el gobierno comunista de Fidel Castro.

Desde que tenía cinco años, mi madre se enorgullecía de que cada vez que hablaba con sus amigos y conocidos le decían que quedaban sorprendidos porque Raulito sabía comer con cinco tenedores y tres cuchillos. Ella me llevaba a comer afuera todos los viernes, sábados y domingos. La acompañaba a todos los lados porque, al estar preso mi padre, mi mamá me tenía de acompañante y salíamos diariamente, casi después del colegio. Ella trabajaba en la embajada de la República Árabe Unida; en otras palabras no tan oficiales, la representación diplomática de Egipto en Cuba, y gracias a eso teníamos algunos beneficios. Íbamos a comer a restaurantes como *Monseñor*, *La Torre* —que quedaba encima del hotel Foxa—, *1830* —que estaba al final del malecón de La Habana—, *El Conejito*, *El Cochinito* —que se hallaba en una casa que parecía antigua y que tenía un patio bien grande—, la cafetería del Carmelo y muchos más.

Tengo grandes recuerdos de ir a comer a todos estos lugares con mi mamá. La comida se convirtió en lo más importante de mi vida, con mis amiguitos que me sacaban siempre a comer. Había un lugar muy famoso en Cuba llamado *Coppelia* y mi mamá me llevaba obviamente ahí a tomar helado; el pico turquino, la copa Lolita y la ensalada de helados eran algunos de mis preferidos. Los helados eran una de mis comidas favoritas y desde ahora quiero confesarles que una de mi debilidades son los postres, todo tipo de postres, sea lo que sea. Desde pequeño, eran lo más importante para mí.

El papá de mi mamá, mi abuelo, se llamaba Manuel Domínguez, un español que protestaba por todo y yo, en mu-

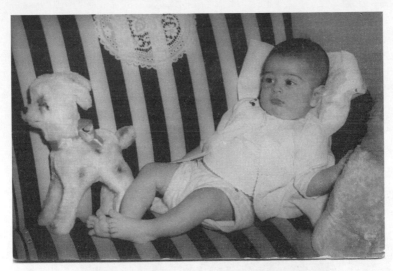

1959, año en que nací, en La Habana, Cuba.

chas oportunidades, era el motivo de sus protestas. Le decía siempre a mi mamá y a mi abuela Tomasa, quien era cubana, que no me iba a ir bien en la vida porque me dejaban hacer todo lo que quería. También le preguntaba constantemente a mi mamá que por qué me daban de comer tanto. Pero para ella, yo era su compañero para salir a comer.

Mi mamá estaba orgullosa de que cuando salíamos, yo sabía pedir langosta enchilada o a la *thermidor*. Mi favorita en aquel tiempo era la del restaurante *1830*, que te la presentaban en un plato alargado, con queso por arriba y eran sólo los pedazos de carne de langosta nada más, definitivamente uno de mis platos favoritos de niño. Todo esto se convirtió en una rutina y, al salir a comer semanalmente, empecé a ponerme gordito. Si ven mis fotos cuando tenía seis o siete años, se darán cuenta de que estaba bastante gordo, por lo cual puedo decir que he estado batallando contra la obesidad desde muy pequeño.

Me acuerdo que era definitivamente el niño más gordo de mi clase. Iba al colegio de *mademoiselle* Trottier en el Vedado, donde tenía muchos amiguitos. Mi mejor amigo era

A la edad de dos años.

Dusco, hijo del cónsul de Yugoslavia, cuando todavía existía, y mis mejores amigas eran María Victoria García Gálvez y Georgina Rosales; la primera era la hija de una cantante cubana y la otra era una niña que ahora vive en Houston, Texas. A mi mamá le encantaba salir a comer con ellos. Recuerdo que, de vez en cuando, los domingos iba en barco a pescar con mi abuelo, pero no cocinábamos los pescados después sino que salíamos a comer a algún restaurante.

Los domingos mi mamá me llevaba a la playa, a ella le gustaba y a mí también. Sobre todo a Santa María del Mar, una famosa playa en las afueras de La Habana. Nuestros paseos a la playa se convirtieron en parte de nuestra rutina del fin de semana. Todavía recuerdo que un poco más arriba de Santa María del Mar vendían unas hamburguesas muy

pequeñas como las que vendían en los antiguos restaurantes *Royal Castle* en Estados Unidos. Recuerdo en estos momentos, como si fuera ahora, que un día me comí 21, pero
esto no fue lo peor. En uno de nuestros viajes a Varadero,
cuando fui con mi mamá a pasar dos semanas de vacaciones
en casa de unos amigos, ella llevaba una tarta en la parte de
atrás del carro como para unas 20 personas. Mientras mi
mamá conducía el Cadillac convertible de 1959, yo empecé
a quitarle con el dedito poco a poco la parte de arriba; el
merengue empezó a desaparecer como por arte de magia y
cuando llegamos, para sorpresa de mi mamá, ¡me la había
comido toda! Me imagino que no está de más decirles que
visité el baño durante toda la noche.

Ser un niño gordo no fue algo que me causara molestia.
Algunos niños hacían uno que otro chiste, pero no era nada
que me incomodara. Me acuerdo que mi mamá siempre me
vestía de pantalones cortos, lo cual sí era motivo de burla y
de mi disgusto. Mi mamá decía que todos los niños europeos se vestían de pantalones cortos hasta por lo menos los
12 años. A ella le gustaba vestirme así con camisas que lle-
vaban mis iniciales. Ese "sofisticado" atuendo sí era motivo
de burlas, pero no mis libras de más.

Entre cenas elegantes y muchos helados y postres, llegó
1970, año en que nos fuimos con mi mamá, mi abuelo y mi
abuela a vivir a Madrid, donde permanecimos por más de
cinco años. Esta nueva etapa se presentaba como una nueva
oportunidad no sólo de vivir distintas experiencias, sino también de descubrir cosas que hasta el momento no conocía.

A pesar de que en Cuba tenía ciertos privilegios por el
trabajo de mi mamá en la embajada, había muchas limi-
taciones respecto de la comida y conseguir algunas cosas
era bien difícil. En España había cosas que no teníamos en
Cuba y que rápidamente se volvieron mis favoritas, pero
antes de contarles esto, quiero decirles que cuando llegué

a España no estaba tan gordo, aunque ya tenía 10 años y me acuerdo de que mi mamá estaba muy interesada en que perdiera peso. Por eso fue que en una ocasión encontró uno de los mejores doctores en España para que me pusiera a dieta. Ese doctor era muy famoso porque había atendido al rey Juan Carlos. Me sometieron a una dieta bastante estricta que hice por más de dos o tres meses en forma muy disciplinada. Y siguiendo todas las instrucciones del doctor pude bajar bastante de peso, pero al año ya había vuelto a aumentar todo lo que había perdido.

Una de las cosas que más recuerdo es que en esa época el lechero nos llevaba la leche a la casa, la cual, valga decir, no me gustaba mucho. Pero el lechero traía no sólo leche, sino también yogurt; en ese momento descubrí mi fascinación por el yogurt. Al principio traía yogurt normal, lo tomaba en el desayuno y me gustaba, pero un día me di cuenta de que había casi 10 tipos diferentes de yogurt, si es que así lo podíamos llamar porque cuando te comes un yogurt de chocolate, verdaderamente te estas comiendo una especie de crema de chocolate. Había yogurt de vainilla, chocolate, fresa, caramelo, de diferentes frutas y sabores; llegó un momento, cuando tenía 11 o 12 años, que pedía 10 yogures casi a diario y llegué a comer 10 sólo cuando me levantaba por la mañana. ¡Algo increíble: casi 3 000 calorías a la hora del desayuno! Esto parece no ser cierto, pero es la verdad. De una manera u otra, cuando regresaba del colegio a la hora del almuerzo, ya había terminado los 10 yogures.

Otro factor importante en el aumento de peso en España fue la famosa *Yema de Oro*, que les mencioné al comienzo. Las tartas de manzana y las pizzas eran deliciosas y siempre le pedía dinero a mamá para comprarlas a diario cuando pasaba por ahí. La comida en la casa no era problema, sino que el problema estaba afuera cuando salía a comer con mi mamá y con mis abuelos, lo cual pasaba casi diariamente.

1962, a la edad de tres años.

Había un restaurante cubano llamado *Los Tres Cerditos* en el centro de Madrid, justo al lado de *La Puerta del Sol*, y me encantaba ir con mi abuela y ahí pedía flan, natilla y cosas típicas cubanas. A mi abuela le encantaba la comida cubana, mientras la preferida de mi abuelo era la española.

¿Y qué decir de los helados de *Olivetti*? Me encantaban, entonces comencé a comer helados en España. Esta heladería era de las pocas en el país que vendían gelatos y siempre esperaba con ansias que semanalmente mi mamá me llevara a comerla. También me entró una fascinación con la paella y luego por la comida china; en España había varios restaurantes chinos que a mi abuela le encantaban y salíamos a

Navidad de 1963, a los cuatro años.

visitarlos los fines de semana o incluso entre semana. Otros de los restaurantes que me acuerdo que visitábamos eran *Casa Lucho*, *El Botín*, *Mayte* y *José Luis*.

Tengo una foto en España en la que no aparezco tan gordo, pero de repente empecé a subir más y más de peso, y eso que hacía mucho ejercicio. En la mañana me recogía un autobús para llevarme al colegio, pero a la hora del almuerzo me iba caminando a la casa, una caminata de casi media hora. Por la tarde me devolvía en el autobús al colegio, pero a las cinco la tarde regresaba nuevamente caminando a la casa. Caminaba, más o menos, una hora al día. También jugaba mucho con mis amiguitos; me fascinaban las maquinitas que había en muchos lugares de Madrid dispuestas en una especie de *gamerooms*, donde los niños podían entrar.

En España también comenzó mi fascinación por el futbol; así me hice socio del Real Madrid, que era mi favorito, y recibí mi carnet con el que podía entrar a los partidos y pararme detrás de las porterías, pero a mí no me gustaba estar de pie y le pedí a mi mamá que me comprara un boleto para los grandes juegos. Haciendo un gran esfuerzo, mi mamá siempre me compraba boletos y así podía ir a la grada lateral baja del Santiago Bernabeu. El entrenador del Real Madrid en aquella época era Miguel Muñoz y me sabía la alineación entera del equipo, en la que destacaban Amancio, Velázquez y Santillana, y más tarde extranjeros como Gunter Netzer y el argentino Óscar "Pinino" Más. Me acuerdo cuando llegaron los primeros extranjeros a España y estuve en el partido en que el famoso holandés Johan Cruyff con el Barcelona goleó al Real Madrid en el Bernabeu. Otras de mis aficiones que empezaron en ese momento fueron las carreras de autos en el Circuito del Jarama en Madrid, donde iba casi todos los domingos.

Lo importante para destacar es que todas estas actividades se realizaban alrededor de la comida. En el juego de futbol, iba y comía un bocadillo porque era lo tradicional en España, un sándwich en un pan un poco duro, lleno de chorizo y queso manchego, o con salami u otro tipo de *delicatessen*. Fácilmente, podía comer dos en un juego de futbol; ¡suerte que no ofrecían nada frito en aquel entonces!

Con tantos bombones y pasteles deliciosos en España, yo decía que podía vivir comiendo postres. Cuando tenía 12 años, viajé con mi mamá a los castillos del Rhine en Francia. En ese viaje me compraron una cámara *Olympus* de 35 mm y tomé fotos durante todo el viaje. También viajamos a Palma de Mallorca. En las fotos de esos viajes no se

El día que cumplí cinco años en el Parque Almendares de La Habana.

puede apreciar un niño gordo: ahora sí, de verdad era excesivamente gordo. Las imágenes hablan por sí solas.

En 1975, mis abuelos y mi mamá decidieron establecerse en Estados Unidos. Recuerdo perfectamente al taxista que fue a buscarnos para llevarnos al aeropuerto, donde tomaríamos el avión rumbo a Miami. Como muchos en esa época de Franco, era antiestadounidense y me dijo: "Te vas a Estados Unidos, donde la gente sólo se la pasa trabajando y sólo come hamburguesas; por eso están tan gordos".

Yo había conocido las hamburguesas en un restaurante de España llamado *Hollywood*, donde mi mamá me llevaba siempre. Allí servían comida típica americana, entre ella las hamburguesas más ricas, los *onion rings* y *root beer*, todas esas cosas que no eran fáciles de conseguir en España. Así, al lado de mis otras debilidades, ir a comer cebollas rebozadas con *root beer* en *Hollywood* se convirtió en uno de mis planes favoritos.

Cuando llegamos al aeropuerto de Miami, fue a buscarnos una amiga de mi mamá llamada Minin en un carro gigantesco, como todos los que se veían aquí. Recuerdo que me dio la bienvenida con las siguientes palabras: "Voy a llevarte uno de estos días a un sitio que hay aquí, donde preparan una hamburguesa gigantesca". Y cumplió su promesa. Me llevó al sitio que ahora es conocido como *Burger King* y la primera vez que fui me comí dos de esas súper ham-

El día que cumplí nueve años con mi mamá en casa

29 de marzo de 1973, en Madrid, el día que cumplí 14 años
celebrando en mi casa con mis compañeros del colegio Santa Illa.

burguesas. Ése fue un nuevo comienzo con mis problemas
de peso, de nuevo en un país diferente, donde la gente au-
menta de peso con sólo respirar y consume más calorías. En
Miami me reencontré con las hamburguesas, los *onion rings*,
las papitas fritas y los batidos de fresa que me encantaban.

Cuando fui a South Miami Senior High School, en el dé-
cimo grado estaba bastante gordo: creo que llegando a las 200
libras, un peso que para una persona de 17 años es bastante. Tenía una fascinación con la comida y los dulces que no
podía controlar. En la preparatoria, algunos me criticaban por
ser gordo, pero reitero que esto nunca ha sido en mi vida
un complejo o un problema. Enseguida me convertí en el
fotógrafo del periódico y del anuario de mi preparatoria y
empecé a tomar fotos de todo lo que pasaba. Algunos de
mis sujetos favoritos eran las porristas, pero no sólo las del
equipo de futbol, sino también las de waterpolo porque me
parecía que eran más lindas. Y a ellas les encantaba: les tomaba fotos durante todo el día y yo no tenía que ir a muchas clases.

Allí conocí a mi mejor amigo, Mario Rodríguez, quien fue más tarde presidente de programación de Univisión. En aquel tiempo demandó al principal del colegio porque no lo dejaba publicar el periódico *Cobra Bid*, donde comencé a publicar mis imágenes y fue mi primer trabajo como fotógrafo profesional. El colegio ya tenía un periódico oficial llamado *Serpent Tale*, y al querer publicar un periódico de tamaño grande, el director dijo que no se podía; además, tenía una página en español y eso no le cayó bien al principal, quien decía que por qué un periódico en un país donde todo el mundo hablaba inglés tenía que publicar una página en español. Esto estuvo en litigio por dos años y finalmente Mario se graduó en South Miami, se quedo ahí y publicaba un periódico espectacular; además, el tiempo demostraría que el principal estaba equivocado y que el visionario Mario ya estaba vislumbrando el surgimiento de fuertes medios en español en Estados Unidos, como efectivamente ocurrió.

Miami se convirtió en un nuevo territorio para mi batalla con la dieta. Mi madre, preocupada nuevamente porque sólo me veía subir y subir de peso, me volvió a llevar con un doctor muy famoso en aquel tiempo. El médico me puso a dieta nuevamente y me recetó pastillas para cortar el apetito. Les quiero contar que bajé muchísimo de peso, pero creo que es lo peor que hice en mi vida. Las pastillas y el calor del verano me llevaron una vez al borde del desmayo en la casa de mi mamá en South Miami. Como le sucede a todo el mundo, sin importar si es hombre o mujer, joven o viejo, al dejar de tomar las pastillas volví a aumentar de peso. Después de ese incidente, prometí que nunca más en mi vida tomaría una pastilla o intentaría hacer algo que no sea natural para bajar de peso. Esto es un compromiso que he mantenido hasta el día de hoy.

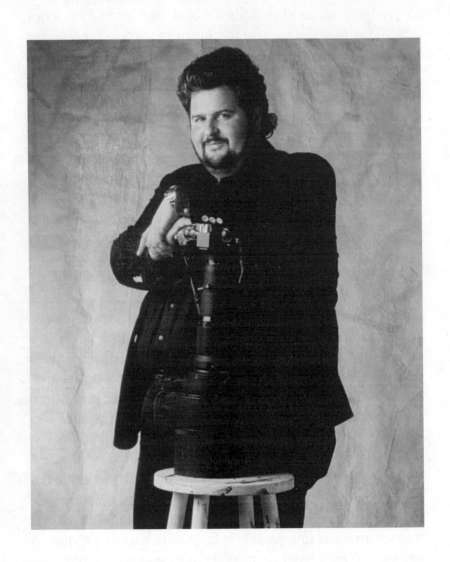

CAPÍTULO 2

Mis años de juventud a través del lente

Con el sobrepeso que me acompañaba desde niño, estaba listo para entrar a la fase de mi vida adulta. En el año 1977 me gradué en el South Miami Senior High School de Miami y decidí seguir mi carrera como fotógrafo profesional. Escogí el Miami Photography College, un colegio completamente dedicado a la fotografía; la carrera duraba dos años y tenía que asistir todos los días. En esa época era un fanático de la lucha libre, que me encantaba desde niño. Desde que llegué a Estados Unidos, mi mamá me llevaba al Miami Beach Convention Hall a ver luchadores como "Dusty" Rhodes, Joe LeDuc y Abdullah "The Butcher" y comencé a tomar fotos de ellos con las cámaras que utilizaba para el anuario del colegio.

Debido a que compraba y leía todas las revistas de lucha libre, encontré un contacto y empecé a enviarle mis fotos a una publicación de Minnesota y le gustaron tanto que las publicaron con mi crédito. Así vieron mi nombre en una revista japonesa y, gracias a eso, empezaron también a publicar y a pagarme por mis fotos. ¡Era todo un fotógrafo profesional, mientras iba a la universidad! Había una revista

de Japón llamada *Gong*, editada por Gong Publishing Company, que empezó a mandarme a cubrir eventros de lucha libre, boxeo y golf alrededor de Estados Unidos y América Latina. Así que pasé largos fines de semana mientras estaba en la universidad, viajando a Puerto Rico, México, Canadá y casi por toda la Unión Americana. Viajé una vez por todo México con un luchador llamado Giant Baba y una vez al mes iba a Puerto Rico a tomar fotos de lucha libre, cuando Carlos Colón era el promotor de ese deporte en la isla.

Desde esa época me gustaba viajar, quedarme en buenos hoteles y, por supuesto, comer en los mejores restaurantes. Así fue también como comencé a comer *sushi* con un luchador llamado "Terry" Funk, estadounidense, de Amarillo, Texas. Me llevaron a comer *sushi* después de haber tomado fotos de una lucha y la verdad es que la primera vez que lo probé, no me gustó nada, sobre todo cuando me tocó comerme los huevitos rosados y amarillos. Odié esta comida. Algo similar me pasó la primera vez que fui de viaje a México; en vez de comer tacos o guacamole, me dieron de comer una sopa de panza de vaca y la verdad es que no me gustó tampoco. Hoy en día, tanto la comida mexicana como la japonesa son de mis favoritas, pero cuando tenía 18 años y el *sushi* no era tan popular en Estados Unidos, probarlo era casi un acto de valentía.

Al viajar comía más: en cuanto salía de un evento me daban ganas de cenar en un buen restaurante y acostumbraba pedir dos o tres platos. Me la pasaba comiendo todo el tiempo y en cada ciudad, donde trataba de escoger los mejores restaurantes. Cuando terminaba de trabajar, alrededor de las 10 de la noche, ya tenía lista una reservación. Si querían venir mis amigos; perfecto, pero si no, estaba listo para disfrutar solo mi banquete.

Unos años más tarde, alrededor de 1980, comencé a llevar mi portafolio a diferentes lugares para mostrar mi trabajo. Así llegué a las oficinas de The Associated Press de Miami; al editor jefe de Florida, Phil Sandlin, le encantó mi trabajo y por ello empezaron a contratarme como *stringer* y a colocarme asignaciones. En ese momento, los teléfonos celulares apenas hacían su aparición; entonces te daban un *beeper* y cuando este aparato sonaba, llamabas y te enviaban a un lugar a cubrir la noticia del momento. Me tocó cubrir los problemas de aquellos tiempos en Miami, entre ellos lo relacionado con las drogas, los policías corruptos y los tiroteos. Muchas veces era el primero en llegar a todos estos lugares.

Durante esa época decidí aprender más no sólo de fotografía, sino también de arte y comencé mis cursos en el Art Institute de Fort Lauderdale. Diariamente viajaba casi una hora con tráfico hasta Las Olas Boulevard, la playa donde se encontraba la universidad, y después de dos años me gradué. Al Art Institute también asistía una novia puertorriqueña que tenía en ese entonces llamada Jocelyne Ramírez y que estudiaba Fashion Merchandise. La menciono porque, aunque ella no era gorda, también le encantaba comer bien. Muchas veces yo salía a comer con ella a la hora del almuerzo en algún restaurante francés de *Las Olas*, me despedía de ella en la tarde para regresar a mi casa en Miami y, unas horas más tarde, bañado y cambiado de ropa, me dirigía a su casa en Plantation, casi a una hora de viaje, para pasar por ella y llevarla a Miami a cenar en algunos de mis restaurantes favoritos de esa época, como *Vintons*, *Café Chauveron* o *The Dining Galleries* en el hotel Fontainebleau de Miami Beach. Después volvía a dejarla en su casa y me regresaba a Miami. En otras palabras, podía pasar conduciendo casi cinco horas en un solo día. Todo era por amor a Jocelyne... y a la comida.

Los fines de semana me tocaba cubrir los juegos de futbol y así se me volvieron atravesar en el campo los hot dogs, las hamburguesas y las papitas fritas. No tenía tiempo de comer otra cosa, porque era el único tipo de comida disponible.

Gracias a la Associated Press, conseguí muchas portadas de los periódicos más importantes de Estados Unidos y del mundo. Cuando cubrí los disturbios raciales en los años ochenta en Miami, mis fotos salieron en las revistas *Time*, *Newsweek* y *US News and World Report*. Empecé a ganarme premios nacionales de fotografía, en los que competía con las imágenes de los mejores profesionales de la Unión Americana. Gracias también a la Associated Press me di a conocer en el mundo entero. Así, muchos editores empezaron a conocerme.

Los deportes seguían siendo una de mis especialidades, me acuerdo que cubría torneos de golf y torneos de tenis. En esa época, la Universidad de Miami contaba con uno de los mejores equipos de futbol americano y el material fotográfico de los encuentros tenía mucha demanda, como el de las carreras de autos de Daytona. Después de finalizada una de las carreras de las 24 horas de Daytona, alrededor de las

3:00 de la tarde, todos íbamos a comer; una vez fuimos a comer a un lugar donde había calamares, que me encantaban. El lugar estaba en el borde de un lago, cerca de Cabo Cañaveral, y esa noche comimos uno de los platos más ricos que había en el menú, que eran los calamares fritos. Yo pensaba que como los calamares provenían del mar como el pescado, éstos deberían ser sanos y no hacer engordar. Obviamente, en aquel tiempo yo no tenía idea de lo que era bueno para comer o lo que no y me comí 10 platos de calamares fritos. ¡Creo que debí haber engordado 10 libras en un solo día!

Yo seguía batallando con la dieta y sabía que tenía que cuidarme. Una vez decidí ponerme a dieta por tres días porque quería limpiar mi cuerpo. Había escuchado que para este propósito, los jugos eran muy buenos. Entonces fui a una tienda en Coconut Grove conocida como EZ Quick, donde vendían jugos naturales de una marca llamaba Lakewood y me compré como 30 frascos de vidrio grande que decían 0 Fat y 100% natural. Escogí distintos sabores: mango, pera, limonada y manzana, entre otros. Durante esos días no comí absolutamente más nada: jugo en la mañana, jugo en la media mañana, dos jugos al almuerzo, un jugo al final de la tarde, tres en la noche y eso era todo. El resultado fue sorprendente. Después de haberme pasado tres días tomando jugos, ¡había aumentado cinco libras, es decir, no sólo no perdí peso, sino que gane más! Cuando al cuarto día me pesé, estaba absolutamente deprimido. En aquel tiempo no me fijaba, como ahora, en la parte de atrás del envase para ver cuántas calorías tenía cada jugo. Resulta que los jugos son de las bebidas que más hacen engordar en la vida por el alto contenido de azúcar que tienen. Por eso, en muchas dietas, lo primero que te quitan es el jugo de naranja porque tiene bastantes calorías, ¡con decirles que un pequeño vaso de ocho onzas puede tener 120 calorías!

Mientras pasaba "el trago dulce" de la dieta de los jugos, mis fotos seguían publicándose de Londres a Tokio. No tenía horario y siempre terminaba en un restaurante de un lugar diferente. Esto no tenía nada que ver con la rutina de la persona que trabaja en una oficina de 9:00 a 17:00 horas y que organiza su vida y sus alimentos alrededor de su horario. Yo estaba trabajando constantemente y cuando me encontraba en asignaciones, me tocaba comer cuando podía y lo que podía. A veces terminaba de trabajar a las 12:00 de la noche y me iba a cenar a la una de la madrugada. En la mayoría de las ocasiones iba al popular restaurante *La Carreta*, frente al *Versailles* de la Calle Ocho de Miami, donde pedía un bistec apanado con papas fritas, una natilla de postre, todo ello acompañado, como hacen muchos, de un refresco de dieta. Dormía de maravilla, algo que en el día de hoy me parece insólito y el simple hecho de pensar en esta tortura me quita el sueño.

Alrededor de 1984 empecé a volver anualmente a España porque era un gran aficionado a los toros. Iba a cubrir la Feria de San Isidro de Madrid, que es la más importante del mundo taurino. En la plaza de toros de Las Ventas se pueden apreciar durante un mes las mejores corridas, todos los días, a las siete de la noche. Tenía boletas para todas estas corridas, que en aquel tiempo eran carísimas y te tocaba comprarlas en reventa porque la plaza estaba vendida durante toda la temporada y no me gustaba la credencial de prensa que te daban porque no podía sentarme.

Llegué a España equipado con mis cámaras y algunas de las imágenes que salieron de esas corridas han sido de las más aclamadas de mi carrera; incluso una de ellas fue el anuncio de la película *Fuji* durante un año. Pero así como estas temporadas taurinas se convertían en una gran oportunidad de trabajo, era lo peor que podía hacer para mi dieta. Déjenme contarles que las corridas empezaban a las

19:00 horas, yo llegaba a la plaza a las 18:00 horas y me sentaba en mi silla. En las plazas de toros es común que la gente lleve distintas variedades de comida, como chorizo, jamón y dulces. Mientras la corrida está andando, la gente a tu alrededor amablemente te ofrece comida y vino. ¡Yo no era amante del vino en aquel tiempo, pero sí de comer chorizo, jamón y todo lo que me daban! Cuando terminaba la corrida, alrededor de las 21:30 horas, volvía al hotel o al apartamento que había rentado en España, y allí me bañaba y me vestía para luego... salir a comer.

En Madrid se come tarde; entonces, cerca de las 23:00 horas llegaba muy puntual al restaurante. En aquel tiempo tenía una fascinación por la carne, la cual hoy en día no como frecuentemente. Recuerdo que de vez en cuando visitaba un restaurante en la Plaza Mayor de Madrid llamado *Casa Paco*, un restaurante clásico de carnes que tiene fotos de toreros. Allí pedía un aperitivo de jamón de Jabugo, que era bastante grande: te servían casi medio kilo, que era una bestialidad, para comértelo con pan, una sopa de ajo que me encantaba y después una chuleta de carne, que en algunas ocasiones solicitaba expresamente que fuera de un kilo. La comida terminaba con una tarta helada. Al salir de ahí, cerca de la 1:30 de la mañana, a veces casi no podía moverme: caminaba un poco, llegaba a mi apartamento un rato después de haber estado caminando o haber tomado un taxi y no me acostaba sino hasta 4:00 o 5:00 de la mañana, de lo lleno que estaba. Me sentía como si fuera a reventar. Me despertaba hasta alrededor de las 14:00 horas, iba a la agencia de fotografía con la que trabajaba en España, llamada Keystone Nemes, y ya estaba listo para iniciar la misma rutina: cambiarme e ir a los toros, salir y cenar otra vez alrededor de las 23:00 horas.

A pesar de que me fascinaban los toros, creo que aquel tiempo fue la peor época de mi vida para mantener una vida sana. La combinación explosiva de comer tanto, tarde y con mucha carne me puso en el peso en el que estuve hasta hace muy poco: 375 libras. Este estilo de vida me afectó muchísimo y recuerdo como si fuera ahora, cuando yo venía de España, después de 30 días podía aumentar 20 libras fácilmente porque era comer, comer y comer, y la verdad debo reconocer que España tiene la mejor comida del mundo.

Creo que a través de los años he evolucionado y cambiado mi manera de comer (de esto voy a hablar más adelante), pero definitivamente fue algo horrible. Ahora como carne una vez cada dos semanas, si acaso; el jamón me sigue fascinando y trato de comerlo con moderación, no como antes, quizá una vez cada tres o cuatro meses. En aquella época no tomaba vino, pero me encantaba la sangría. ¡Imagínense la combinación de pan, jamón y sangría! Dicen que los europeos no son gordos, que los italianos comen pastas, que los franceses comen paté y foie-gras, pero la verdad es que en Europa fue donde más engordé.

Un programa de televisión cambiaría muy pronto muchas cosas en mi vida... y todavía "El Gordo y la Flaca" ni siquiera era un sueño. En 1984 inició el rodaje en Miami de una serie llamada "Miami Vice", con Don Johnson y Philip Michael Thomas, que se convirtió en una de las series más populares alrededor del globo. Como fotógrafo de Associated Press me enviaron en un par de ocasiones a tomar fotos del rodaje y me di cuenta de que las fotografías eran muy populares y tenían mucha demanda. Había como tres fotógrafos que hacían el trabajo de paparazzo en Miami y ganaban muchísimo dinero tomando estas fotos. Entonces me dije "voy a empezar a tomar fotos como *freelancer* y las venderé en Europa". Y así empezó mi carrera como paparazzo.

Los días que filmaban en Miami me la pasaba detrás de Don Johnson porque sus fotos eran las que más se vendían; las de Philip Michael Thomas no se vendían tanto.

Pagábamos a la gente que estaba con ellos, a los técnicos y ayudantes, para que nos dijeran dónde iban a filmar, y ahí me aparecía con mis lentes largos. Bien sea del edificio del frente, del otro lado de la calle, de cualquier lugar, tratábamos de tomar fotos y la verdad es que éstas se vendieron por mucho dinero y me dieron a conocer como fotógrafo de celebridades alrededor del mundo.

Una vez seguí a Don Jonson a Atlantic City, porque se decía que tenía un *affaire* con Barbra Streisand y que se encontrarían en uno de los barcos de la esposa de Donald Trump de aquel entonces. Como me veía a diario detrás de él, dijo que yo tenía más fotos de él que su madre. Siempre iba acompañado de su guardaespaldas, a quien también conocía. Y volvemos a lo mismo: me pasaba el tiempo tomando fotos y comiendo en el mismo lugar o comiendo después; eran viajes, viajes y más viajes diariamente, lo cual es lo que más te afecta en la dieta cuando no puedes controlar lo que tú puedes comer.

Con estas imágenes me hice famoso en Inglaterra, España y Estados Unidos y me convertí en uno de los fotógrafos más reconocidos como paparazzo alrededor del mundo. De Londres me llamaban para tomar fotos a los artistas que iban al Caribe. Con un periodista llamado Mike McDonald viajé a cubrir varias de las noticias más grandes del momento, como cada vez que la princesa Diana visitaba la isla privada de Necker en el Caribe y me quedaba en el Bitter End Yacht Club. Allí lo único que hacíamos era tomarle fotos de lejos desde un barco, una o dos veces por semana, y los demás días estábamos en el hotel, nadando en la playa, tomando el sol y, por supuesto, comiendo, tomando refrescos, limonadas y la mejor comida que había.

Me acuerdo que cada vez que visitaban Estados Unidos los escritores ingleses, con quienes viajaba cada vez que había una historia del príncipe Carlos, de la princesa Diana, de la princesa Ana y de Fergie —a quien le tomé las primeras fotos en bikini—, ellos se iban a jugar golf y yo me encargaba de hacer las reservaciones en los restaurantes, responsabilidad que me era asignada porque sabían de mi muy buen gusto para la comida. Entonces, cuando venían mis amigos del *Daily News*, del *London Sun*, del *Mirror*, del *Express* y del *News of the World*, todos nos reuníamos e íbamos a tomar las mismas fotos y luego a comer a los mejores restaurantes donde había hecho las reservaciones.

Hice grandes historias, como las fotos de Carolina de Mónaco en Jamaica después de que su esposo, Stefano Casiraghi, había muerto en un accidente, las cuales salieron en las portadas de la mayoría de los periódicos del mundo. Hice también para la portada del *National Enquirer* la foto de Jane Fonda y el magnate Ted Turner el día que se casaron en Tallahassee en la Florida. Esas fotos, hechas desde un helicóptero, fueron también portada de *Hola* y de muchas revistas del mundo. Tomé fotos de la princesa Diana en muchas oportunidades, de Madonna desnuda y del presidente Bush hice unas fotos muy famosas mientras pescaba en Palm Beach, justo después de ganar la presidencia y antes de tomar el poder. Con una de ellas me gané el primer premio de la Asociación de Periodistas Hispanos como Mejor Foto de Noticias del Año, honor que obtuve por tres años consecutivos con diferentes imágenes.

Mientras hacía las fotos de las celebridades, seguía con mi fascinación por las fotos de noticias. Para cubrir los disturbios en Panamá producidos cuando los civilistas querían sacar a Noriega del poder, viví en el hotel Marriot, frente al Centro de Convenciones de Atlapa, por casi un año. Aquí pasaba otra vez lo de siempre: viviendo en un hotel y trabajando en la calle, cuando llegaba de trabajar me reunía con los otros colegas para comer bien. Me acuerdo que en Panamá había buenos restaurantes de mariscos, pero mi debilidad eran los dulces y los desayunos del hotel, de tipo *buffet*, con variedad de *pancakes*, *muffins* y jugos, una gran tentación que te hace engordar muchísimo.

Durante la invasión norteamericana a Panamá, el gobierno de Estados Unidos había contratado un avión para llevar a unos 100 periodistas a una de las bases aéreas norteamericanas. Después de que aterrizamos, estuvimos durmiendo dentro de la base en el suelo durante dos días. No nos dejaban salir hacia nuestros hoteles porque había bombas y tiroteos por toda la ciudad. Los estadounidenses te daban para comer estas comidas prefabricadas que vienen en plástico y todo sabía a rayos, pero yo pude descubrir un lugar donde guardaban los helados. Esto era una guerra y nadie le paraba bolas a los helados, por lo que me di un banquete comiendo paletas y helados durante tres días seguidos.

Pocos días después me trasladé al Holiday Inn, frente a la Nunciatura Apostólica donde estaba exiliado Noriega. Las tropas estadounidenses lo tenían rodeado. Allí pasé el 24 de diciembre y me acuerdo que le pagué a un empleado del hotel 100 dólares para que me consiguiera un *room service*. En ese momento, el hotel estaba prácticamente abierto a la prensa pero no había servicio. Mientras hablaba por teléfono con mi mamá para desearle feliz Navidad y ella me contaba que había un lechón riquísimo y un frío muy grande en Miami esa noche, yo no estaba comiendo tan mal gracias a la propina que le había dado al empleado.

Recuerdo que una vez recibí una asignación muy especial del *National Enquirer*, publicación con la que trabaje varios años haciendo grandes historias. Me mandaron a buscar a Oprah Winfrey en uno de los viajes que hacía a la isla de Nevis en el Caribe y me quedé con dos escritores en el Four Seasons de la isla, que era uno de los mejores de todo el Caribe. Teníamos tres habitaciones y ellos me dijeron que tenía que quedarme dentro de la habitación hasta que ellos vieran a Oprah Winfrey en el hotel para que pudiera tomarle la foto. Ellos no querían que Oprah me viera porque pensaban que podía reconocerme. En esos momentos yo aparecía frecuentemente en el show de Joan Rivers para que hablara de fotos de famosos. Y eso fue lo que hice; sabía que no podía salir de la habitación, ni siquiera para bajar a la piscina. En esa época era el juicio de William Kennedy Smith, uno de los Kennedy que estaba acusado de violar a una chica en Palm Beach. Oprah estaba con su novio, Stedman Graham, y mientras él salía a jugar golf el día entero, ella se quedaba en su habitación viendo el juicio por televisión y comiendo. Por mi parte, en una habitación muy cercana a la de ella, me la pasaba pidiendo desayuno, almuerzo, *snacks* y comida. Me acuerdo que toda la noche me traían langosta, un coco lleno de mariscos y todo tipo de comida.

Oprah salía de su habitación por la noche a comer a algún restaurante de la isla, pero si hubiera tomado una foto con *flash*, me habrían descubierto. La espera parecía interminable hasta que después de siete días me llamaron y me dijeron que iba en camino al gimnasio. Obviamente, fui hacia allá y le tomé una foto desde adentro de un auto que estaba en el parqueo del hotel. Ella salía del gimnasio en ese momento: lucía bastante gorda con una trusa estampada y la cabeza cubierta con una toalla. En esos momentos había un jugador de futbol al que le decían William "The Refrigerator" Perry, que pesaba 340 libras; me acuerdo que en algunas de las revistas donde publicaron las fotos, yo dije que no sabía si era Oprah o el jugador.

Después de tomar las fotos y una vez cumplida mi misión, volví a mi habitación y me encontré con el mánager del hotel. Alguien le había informado que yo estaba tomando fotos y quería sacarme del hotel, pero no pudo porque yo era huésped de ahí. Al otro día, Oprah se fue del hotel, pero le alcancé a tomar más fotos a ella y a su novio. La foto a la

salida del gimnasio apareció publicada en la portada del *National Enquirer*, ella salía gordísima, diciendo que estaba a dieta. Durante toda la semana, sólo había estado un día en el gimnasio y, al igual que yo, encerrada en su habitación, todo lo que hacía era comer.

Trabajando como fotógrafo visité los mejores restaurantes de América Latina y de Estados Unidos porque era lo que me gustaba hacer. En aquel tiempo no realizaba ningún tipo de ejercicio, lo cual contribuyó a mi aumento de peso, que ya venía como un lastre desde mis épocas de niño. Pero quiero decir que siempre estaba activo, corriendo de un lado al otro, cargando mis cámaras que pesaban muchísimo y atravesando los aeropuertos de punta a punta. Con el exagerado y desordenado ritmo de alimentación que llevaba, considero que esta hiperactividad era una especie de salvación. Sólo años más tarde empecé a hacer ejercicio en serio, con un entrenador muy especial a quien me referiré en el próximo capítulo.

CAPÍTULO 3

Un gordo en pantalla

Comencé a trabajar en la televisión por pura casualidad en 1991. Como me habían visto hablando acerca de famosos en el programa de Joan Rivers, me invitaron primero a "Sábado Gigante" de Don Francisco como paparazzo a contar mis historias y luego al "Show de Cristina", donde hicieron un programa muy recordado referente a los artistas y miembros de la realeza a quienes perseguía. Entre los invitados al programa estaba una de mis "víctimas": Jeanette Rodríguez, una actriz venezolana muy famosa en aquel tiempo. Sus fotos eran muy cotizadas en España porque era la protagonista de la novela "Cristal", que rompió récords de audiencia en esos momentos y cambió la historia de la televisión por completo en ese país: la gente paraba a las 3 de la tarde, sin importar lo que estuviera haciendo, para ver su novela. Mis fotos de Jeanette con su novio salían publicadas en las revistas; pero el público no sabía que su novio, un estadounidense, me avisaba dónde iban a salir para que los fotografiara.

Con mis 370 libras, comencé a salir en televisión una vez a la semana en un programa de Univisión llamado "Hola

América", invitado por Omar Marchant, quien era vicepresidente de dicha empresa en ese tiempo. Era un programa a las 12 del día con María Olga Fernández, Maty Monfort y José Ronstadt y yo llevaba mis fotos, mostraba mis lentes y contaba las historias detrás de esas imágenes. El programa fue tan exitoso que mis apariciones se volvieron más regulares.

Por esa época conocí a mi esposa, Mily, en una fiesta del 31 de diciembre en Key Biscayne, después de haber llegado de tomar unas fotos de la princesa Carolina en Jamaica. Empezamos a salir como amigos y, cuando tenía seis meses de conocerla, la invité a hacer un viaje a Inglaterra y a Egipto y aceptó. Pero a la tercera semana del viaje, al estar en Egipto, me enteré de que el programa había sido cancelado.

Cuando llegué, Omar Marchant me preguntó si me gustaría ir a trabajar a Telemundo como reportero de farándula en dos programas: "Ocurrió así" y "Club Telemundo". Los presentadores de "Ocurrió así" eran Enrique Gratas y el segmento de entretenimiento era presentado por la ex Miss Universo chilena Cecilia Bolocco. Fue una gran experiencia y una excelente oportunidad porque Enrique me enseñó la mayoría de las cosas que aprendí en televisión y que aplico hasta el día de hoy. Mis peleas con Gratas eran casi semanales; a mí verdaderamente no me gustaba tanto hacer comedia, pero Enrique insistía en que esto era lo mejor para mí. Allí también trabajaba un reportero muy famoso en aquella época llamado Rodrigo Alonso y, con la ayuda de él y Enrique, comencé a hacer cosas simpáticas en la TV que al público le gustaron y con las que obtuve tres Emmys.

En esa época era gordísimo; mi sobrepeso era demasiado evidente, pero a la gente le fascinaba ver a una persona gorda corriendo detrás de los artistas. Cuando Madonna publicó su libro *Sex*, yo fui el único que la encontré a través de mis contactos y las conexiones con el *National Enquirer*. Me dijeron dónde estaba y dónde salía a correr todas las maña-

1993. Una de mis primeras asignaciones para Telemundo con casi 380 libras en la inauguración de Toontown, en Disneyland, California.

nas en Miami Beach. Sobra decir que me fui a perseguirla y así salieron las famosas imágenes mías corriendo detrás de Madonna, a quien le preguntaba si podía hablar con ella. Obviamente, esto fue muy simpático y tema de conversación por muchos años. Ahora, con el reinado de internet, ¡han llegado hasta YouTube!

Cuando estaba en Telemundo, me pasó uno de esos acontecimientos que siguen teniendo efecto aunque los años pasen. Un día, uno de los productores, Alex Rodríguez, me llamó y me dijo que en el lobby de Telemundo me esperaba un señor fuerte, grande y musculoso que quería hablar conmigo inmediatamente. El encargado de la seguridad le dijo que no era posible, pero insistía en hablar conmigo en persona. Obviamente yo no iba a salir porque en esa época me metía con Luis Miguel, Raimundo y todo el mundo y pensaba que era alguien que venía a hacerme algo.

Al otro día, el sujeto volvió a aparecer en Telemundo. El señor dijo que se llamaba John Azzari, pero después me enteré por qué era más conocido como John "The Beast" Azzari. Se trata de un iraní que ha entrenado a muchas personas famosas (como Dan Marino y Cristina Saralegui) y no quería darse por vencido hasta que me entrenara. Cuando por fin lo recibí, me dijo que yo tenía que perder peso y me metió en la cabeza que yo necesitaba entrenarme.

Unos meses más tarde, lo contraté para entrenarme. John se aparecía, valga decir que diariamente y muy temprano, en mi *townhouse* de Brickell Avenue en Miami a la única hora disponible porque tenía muchos clientes en la mañana. Yo me levantaba a las seis o a las siete para hacer ejercicio en la sala o en la terraza de mi casa mirando al mar. Traía unas pesas pequeñas, pero casi todo lo que hacíamos era ejercicio cardiovascular, sentadillas, estiramientos, movimientos hacia arriba y hacia abajo, lo cual me ayudó inmensamente. Después de seis meses llegué a pesar 330 libras, peso en el cual me mantuve hasta que comencé mi dieta en julio de 2007. Pero no sólo era ejercicio, sino que John me llamaba todo el tiempo a la hora del almuerzo y de la cena, recordándome que comiera poco y liviano, gritándome en el teléfono: *"Mr. Molina, don't eat too much, ¡watch what you eat!"*.

El entrenamiento era tan serio que cuando yo tenía que viajar —y en Telemundo viajábamos bastante, sobre todo a México y a Los Ángeles—, John venía a entrenarme a las 4:30 de la mañana en la sala de mi casa. Mi pobre esposa, que quería seguir durmiendo, tenía que oír ruidos desde el segundo piso. Terminábamos a las 5:30, me bañaba, me vestía y me iba corriendo hacia el aeropuerto a tomar un avión a las 7:00 a cualquier lugar donde mi trabajo me llevara. Nunca me di por vencido y seguí haciendo los ejercicios. John me estuvo entrenando por varios años y después no pudo continuar porque le quedaba muy lejos y tenía en otra parte de la ciudad a un cliente mucho más importante: el *quarterback* de los Miami Dolphins, Dan Marino. Seguí con otros buenos entrenadores a través de los años; pero debo agradecerle que él me ayudó no sólo a perder esas primeras 30 libras, sino también a despertar en mí un interés por el ejercicio y la buena alimentación. Y aunque seguía siendo súper gordo, nunca volví a engordar y a llegar a ese peso otra vez.

Luego de un tiempo regresé a la cadena número 1 de los hispanos en Estados Unidos. Cuando llegué a Univisión, Otto Padrón y Heli Soto hicieron una intensa campaña publicitaria en la que yo estaba colgado por fuera de un helicóptero sin puerta, únicamente sostenido por un arnés. Con mis 370 libras, parecía como si el helicóptero se fuera de lado, pero al público le encantó. Esta secuencia la filmamos en Los Ángeles, por encima de las casas de las grandes figuras de Hollywood. En "Primer Impacto", me hice muy amigo de la en aquel tiempo desconocida y luego novia de Luis Miguel, Myrka Dellanos, y de María Celeste Arrarás, una de las mejores amigas de mi esposa porque estudiaron juntas en Loyola University en New Orleans. Fueron épocas muy felices, durante las cuales la pasaba mejor que nunca, divirtiéndome.

1996. Mi llegada a Univisión por todo lo alto, sobrevolando la ciudad de Los Ángeles en mi "propio" helicóptero. Abajo, con las presentadoras de *Primer Impacto* y mis grandes amigas Myrka y María Celeste.

Luego de "Primer Impacto", vendría un programa que sería bautizado por mi característica física más evidente: "El Gordo y la Flaca", en compañía de Lili Estefan. Al principio no tenía ningún interés en hacer este programa, pues estaba feliz en "Primer Impacto". Había traído de Telemundo uno de los productores que trabajaba conmigo llamado Alex Rodríguez —así como lo oyen, con el mismo nombre del pelotero de Madonna— y nos divertíamos mucho viajando y haciendo nuestras historias. Quiero decirles que cuando sugirieron el nombre del show no me gustó porque pensé que al nombre le faltaba seriedad. Al cabo de los años, ese nombre me pareció uno de los mejores aciertos en la historia de la televisión. A mí me llamaban "El Gordo" desde que estaba en Telemundo, cuando Enrique no se cansaba de gritarme "¡Gordo!"

En una asignación en Haití, con mi productor Alex Rodríguez...
no el pelotero.

Cuando comenzó el programa, sabía que Lili trabajaba en "Sábado Gigante": nos cruzábamos en los pasillos, pero no éramos amigos ni conocidos. ¿Quién iba a pensar que no sólo nos convertiríamos en grandes amigos, sino también formaríamos uno de los dúos más conocidos de la televisión hispana? De lunes a viernes y frente a sus pantallas, el público me ha visto perder en 10 años más de 100 libras, de las cuales 70 han sido en el último.

El peso nunca me ha impedido hacer las locuras más grandes que se han realizado en la televisión hispana: desde colgar de un helicóptero hasta pasarles a más de 40 mujeres por debajo de las piernas en una piscina. Ser gordo no sólo no me afectó sino que me ayudó en mi carrera, aunque nunca lo vi de esa manera. Creo que soy un gordo más activo que la mayoría de los flacos y cuando Lili insinúa en el programa que por ser gordo quizá mi vida sexual no podría ser tan buena, quiero decirle que no ha sido buena sino excepcional. ¡O si no, pregúntenle a mi esposa o a mis ex novias, antes de casarme!

Con los integrantes del show Sólo para Mujeres, transmitiendo *El Gordo y la Flaca* desde Acapulco.

Con Lili y Sissi en el jacuzzi.

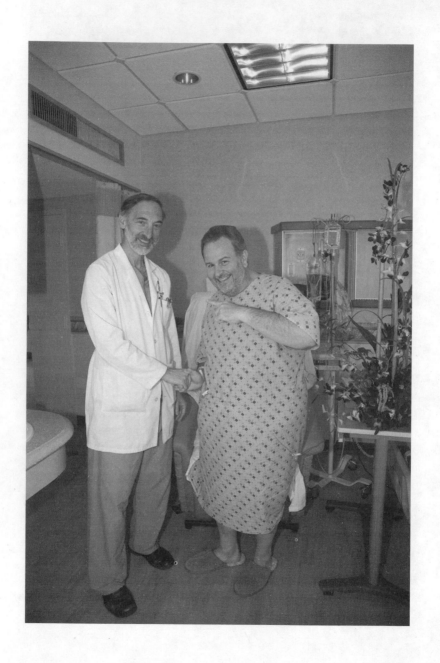

CAPÍTULO 4

El punto de quiebre: "Tengo que adelgazar"

A finales de 2004 me había comenzado un dolor en la parte de abajo de la espalda. Al principio pensé que había hecho un mal movimiento durante una de mis sesiones de ejercicio, pero luego empezó a dolerme mucho cuando iba al baño, por lo que una infección urinaria parecía ser la causa. Después de varios días decidí ir al doctor, quien no encontró absolutamente nada luego de ver los resultados de varios exámenes de orina y de sangre, por lo cual decidí consultar a un urólogo que me había tratado anteriormente. Después de examinarme y revisar las pruebas, me dijo que podía ser un cálculo en el riñón, pues de pronto estaba tomando mucha cafeína, la cual puede causar esto. Aunque no tomo café, tomaba mucho té helado. Entonces me recomendó: "Ve a tu casa y trata durante cinco o seis días de no tomar cafeína, luego vienes a verme y decidimos si hacemos algo". Al urólogo no le pareció nada raro, porque no salía nada en la sangre.

Cinco días después tuve un dolor tan inmenso que me levanté muy temprano en la mañana y fui con mi esposa al hospital más cercano de mi casa, que es el Mercy Hospital.

Me enviaron a hacer un MRI y luego tuvieron que repetírmelo con contraste. Al estar en emergencia, como una hora después, llegó una doctora y me dijo de momento, sin yo esperarlo, que tenía un tumor dentro del riñón derecho, que era de aproximadamente 15 cm de largo. Cuando vi el tamaño del tumor, me sorprendí. Siempre digo que era casi del tamaño de la cabeza de Don Francisco. Era inmenso, pero nunca me había dolido, debía haber estado creciendo ahí por años y yo nunca me había dado cuenta ni ningún médico lo había detectado...

Ése es el momento en que he sentido más miedo en mi vida. Ni en medio de los disparos en Panamá ni de los disturbios en Haití, donde el carro en el que iba sufrió ocho impactos de bala, había tenido tanto miedo. Era un temor inexplicable, un miedo a lo desconocido y a sus posibles consecuencias. Pero de momento, con la voz normal, le dije a la doctora que cuándo era lo más rápido que podía operarme. Grecia Hernández, productora de "El Gordo y la Flaca", llegó corriendo al hospital, llorando, y hablamos acerca de lo que me habían dicho, pero todavía sin saber en realidad qué iba a pasar.

La doctora me dijo que usualmente los tumores de este tamaño son cancerosos y había que operar de urgencia inmediatamente. No sabía qué hacer pero esto me pasó en cuestión de segundos y muchas cosas surcaban por mi mente. Minutos después un urólogo cubano estaba ahí y me dijo que la operación era muy seria, que era una operación de vida o muerte. Cuando le pregunté si podía realizarla inmediatamente, me dijo que no. Luego me internaron en el hospital durante 24 horas para hacerme más pruebas.

Después de las 24 horas llamé a varias personas, entre ellas a una amiga llamada Josie Goytisolo para que nos pusiera en contacto con José Cancela, uno de mis antiguos jefes

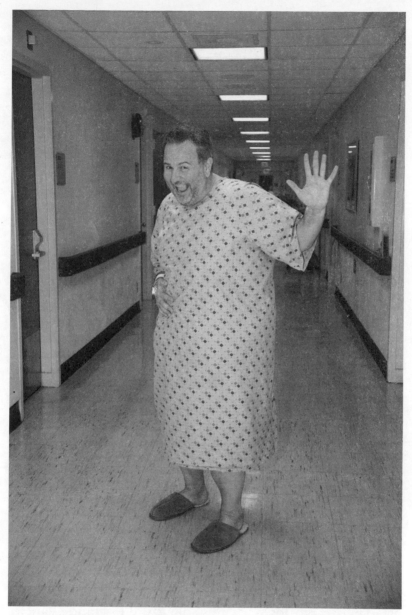

Febrero de 2005. En los pasillos del Jackson Memorial Hospital,
dos días después de la operación, para una sesión de fotos
para la revista *Tv y Novelas*.

en Telemundo que estaba en el *board* del Jackson Memorial Hospital de la Universidad de Miami. Él me consiguió una cita inmediatamente con el doctor Marc Soloway, uno de los mejores del mundo y una verdadera autoridad en este campo, y fuimos a verlo al día siguiente cuando salí del hospital.

Afortunadamente, después de esta visita las cosas cambiaron un poco. El doctor me dijo que había visto esos tumores en cientos de ocasiones, que la operación era absolutamente necesaria y que la probabilidad de que el tumor fuera cancerígeno era casi de 95%. También me dijo que tenían que quitarme el riñón pero que no me preocupara, pues esto no tenía que hacerlo mañana y que podía esperar un poco. Esto me dio tranquilidad porque se acercaba la Navidad y yo tenía que hacer mi tradicional show en Nueva York. Añadió que iban a programar mi operación para finales de febrero, cuando él tuviese el próximo día disponible; además, me indicó que no me preocupara y que siguiera con mi rutina. Yo le pregunté si podía seguir haciendo ejercicio y si no había riesgo de que el tumor explotara y me dijo: "No sólo quiero que hagas ejercicio con tu entrenador, sino también que hagas más porque debes perder más peso. Quiero decirte algo: la operación es más riesgosa cuanto más gordo estás". Entonces me puse a dieta y antes de la operación perdí aproximadamente 30 libras. Solicité si era posible que me hicieran la operación antes, por lo cual la programaron para mediados de febrero.

Llegué a la sala de operación pesando 295 libras. De ella estarían a cargo los doctores Soloway y Gaetano Ciancio, venezolano y experto en trasplantes de riñón. La operación empezó a las ocho de la mañana y terminó a la una de la tarde. Cuando llegué a mi habitación estaba terminando "El Gordo y la Flaca". Tenía un riñón menos y había pasado

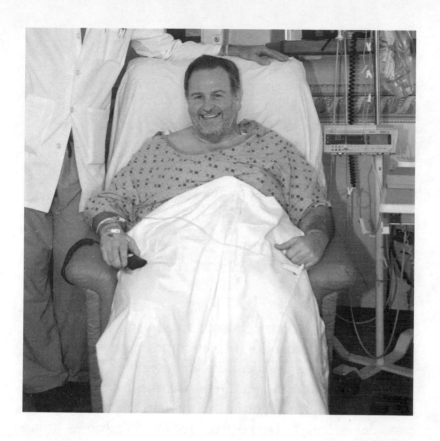

por una operación extremadamente difícil, pero todo había salido bien. Me estaban esperando mi mamá, mi esposa y Mario Rodríguez, mi mejor amigo. El tumor que me habían sacado era del tamaño de dos pelotas de softbol juntas es decir, ¡como si pusieras juntas cinco pelotas de béisbol!

Al doctor le habían dicho quién era yo. Él era fanático de la televisión y, aunque nunca me había visto, empezó a hacerlo y se interesó por mi carrera. Así, me dijo que decidió hacer la cicatriz por delante, no alrededor del cuerpo como se acostumbraba porque, cuando me metiera en el jacuzzi, la cicatriz iba a lucir más pequeña. Por eso tengo una cicatriz de 20 cm de largo, comparada con la de 40 cm que les hacen a las otras personas.

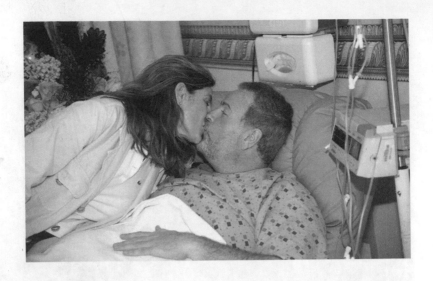

La recuperación en el hospital fue horrible. Al segundo día ya estaba caminando, pero es como empezar a caminar de nuevo. El dolor en la cintura era increíble.

Hubo un momento en que pensé que iba a morir, pues tenía un tubo que me entraba por la nariz para sacarme las cosas del estómago. Después de que me quitaron ese tubo, me sentía mucho mejor. Al tercer día me sentía tan bien que de *TV y Novelas* fueron a tomarme unas fotografías con el doctor en el hospital. En las fotos parecía como si no me hubiera ocurrido absolutamente nada; la verdad es que había pasado sólo dos días antes por una operación que me pudo costar la vida.

Recuerdo que Don Francisco fue a verme al hospital a la noche siguiente y la verdad es que ello me dio mucha fuerza. Él tiene un corazón muy grande: me dijo que lucía como si nada hubiera pasado, lo cual me hizo sentir muy bien. Tenía buen semblante, pero por dentro el dolor era increíble. Me acuerdo que un día el doctor llegó y me indicó: "Te ves muy bien y ya puedes irte a tu casa. Necesito esta habitación para un amigo mío a quien debo operar". No sabía si esto era en serio o en broma, teniendo en cuenta que me habían dado la mejor habitación con que contaba el hospital.

Lili me fue a visitar el día que me dieron de alta. Yo tenía mis dudas acerca de dejar el hospital porque no me sentía muy bien, pero fue lo mejor que hice. Cuando llegué a mi casa, me sentí de maravilla y empecé a retomar mi vida lentamente, prácticamente aprendiendo a hacer todo de nuevo. Al principio caminaba primero durante 10 minutos, después 15 y luego 20 hasta que pude caminar media hora por los jardines que rodean mi edificio. Fue una terapia intensiva hasta que se me bajara el dolor y estuviera listo para volver a trabajar. Extrañaba mi equipo de trabajo, estar al aire, pero sobre todo a la audiencia, la cual durante estos días me había inundado con manifestaciones de aprecio, expresándome un cariño que nunca llegué a imaginar.

Unos diez días después de la operación se transmitiría "Premio Lo Nuestro". Yo había consultado con el doctor si podría asistir porque siempre era el presentador de la alfombra roja. Para mi sorpresa, me dijo: "Tienes que estar presente y, si quieres, yo te acompaño". Estaba feliz de volver a mi trabajo, de poder ver al público y agradecerle en cámara todas sus manifestaciones de cariño en un día tan importante para nuestra cadena y para toda la televisión hispana. Esa tarde me bañé y comencé a vestirme, pero el dolor era tan inmenso que no tenía fuerzas para ir. Llamé al doctor y le dije que lo sentía, pero no podía asistir. No sólo estaba adolorido sino también desilusionado.

Pero un mes después ya estaba trabajando en "El Gordo y la Flaca". Para mi regreso "triunfal" al programa, los productores me habían buscado una motocicleta pequeña de gasolina para que me montara en ella. No había practicado esto, pues apenas me estaba acostumbrando a caminar durante media hora; si a eso le sumamos la cicatriz que tenía, pensé que no iba a poder hacerlo, pero pude. Ese día me acompañó el doctor Soloway; yo sabía que al llevarlo al show, podía llamar la atención acerca del cuidado de la salud. También estuvo Dorismar, quien hacía el personaje de chica sexy argentina y quien más tarde fue deportada por no tener sus papeles en regla. Ella estaba vestida de enfermera, esperándome a mí y al doctor en la puerta del estudio. Todo resultó muy emocionante pero divertido y estoy seguro de que Soloway nunca la había pasado tan bien en su vida.

Ya han pasado tres años de la operación. Al principio me tocaba chequearme cada tres meses y la verdad es que esto ha cambiado mi vida por completo porque cada vez que tienes el dolor más pequeño en el cuerpo, piensas que es algo malo, vas corriendo a consultar al doctor para emergencias y piensas que es algo horrible, pero generalmente no es nada. Sólo una vez pensaron que tenían que operarme de la próstata, aunque al final, gracias a Dios, no lo hicieron. Uno de los grandes beneficios que me dejó la operación fue la amistad con el doctor Soloway, quien me aconsejo o más bien me obligó a perder peso, y su enfermera principal, Teresita, quienes han sido como mis ángeles de la guarda.

Como recordará el lector, antes de la operación el doctor me había pedido que perdiera peso. Yo pesaba alrededor de 328 libras, por lo cual empecé a hacer una dieta, a no comer de noche y a seguir con mi rutina de ejercicios. Al cortar los carbohidratos, llegué a la sala de operaciones con 298 libras: había perdido 30 libras para la operación. Durante el año siguiente las recuperé y volví a tener el peso de antes. Cuando empecé la dieta en diciembre de 2007 estaba en 340, 339 y media libras para ser más exactos. Claro, nunca había regresado a las 380 libras que pesé en una ocasión. Cuando llegué al programa, todo el mundo quería hablarme del problema del riñón, la gente me decía que lucía "flaco", pero nunca llegué a perder tanto peso como en este momento. He llegado a las 268 libras y me he mantenido.

El doctor Soloway me recomendó la dieta de South Beach y me convenció de que la hiciera. Gracias a un amigo en común llamado Jimmy Resnick, he conversado con el doctor Arthur Agatston, el inventor de esta dieta que se ha convertido en una de las más populares en Estados Unidos, la cual consiste en no comer carbohidratos sino muchas más ensaladas y proteínas, y a mí me ha funcionado. Desde que iban a operarme del riñón me habían hablado de Ana Amad y de la nutricionista Marie Almond, quien trabaja con el doctor Agatston. Ana presta el servicio de enviarte a tu casa recetas que son preparadas según los lineamientos de esta dieta. Cuando decidí empezar a perder peso en julio de 2007, me puse en contacto con ellas nuevamente.

Ana Amad de South Beach Cantina empezó a enviarme el almuerzo, la cena y dos *snacks* al día. Los desayunos los preparábamos en casa en las mañanas, generalmente un yogurt con frutas bajo en calorías —por si el lector se lo pregunta, frambuesa es mi sabor favorito—, una tortilla de claras de huevo con queso bajo en calorías, tomate y un jugo fresco hecho de apio con tomate. Nunca cambió el desayuno porque me gusta esta combinación; es más, me gusta tanto que puedo comerlo todos los días. Claro que estos desayunos están muy lejos de mis antiguos desayunos, cuando podía comer dos *muffins* de arándano, tres o cuatro jugos de naranja y dos o tres yogures, que pudieran equivaler a más de 2 000 calorías, aunque pareciera saludable. Ésa es la cantidad de calorías que una persona normalmente necesita para pasar todo el día.

Al principio pensé que era tanta comida que nunca imaginé que iba a bajar de peso. Los platos no eran pequeños ni grandes, sino la porción perfecta para no quedar lleno pero tampoco con hambre; además, tienes las opciones de los *snacks* y, claro, un postre sin calorías. Asimismo, tomaba mucha agua durante el día. Me olvidé del arroz, de la pasta, de los tacos, de todo lo que tenía carbohidratos, así como de las sodas, el vino, el alcohol y todo lo que tuviera sal porque contribuye a retener líquidos. Por eso, cuando voy a restaurantes pido la comida sin sal, una de las cosas más importantes que puedes hacer en una dieta.

Como el lector se dará cuenta, no hay que ser experto en nutrición para saber cuáles son los principios en los que se sustenta esta dieta: un buen balance entre proteínas y vegetales, eliminar los carbohidratos, porciones de tamaño controlado varias veces al día para mantener un buen metabolismo, mucha agua y cero sal. De estos temas hablaré más adelante.

Durante ese tiempo incrementé en una hora mi rutina de ejercicios con Eric Zambrano, mi entrenador personal. Él es un fisicoculturista ecuatoriano muy profesional y efectivo; por eso, varias personas del medio, como mi amiga María Celeste Arrarás y hace muchos años atrás, Cristina Saralegui, lo contratan. Él entendió perfectamente el proceso por el que estaba pasando y adecuó los ejercicios para ayudarme a alcanzar mi objetivo de perder peso. En forma paralela jugaba tenis durante una hora en el Ritz Carlton de Key Biscayne con mi coach dominicano llamado Johnny. Como veremos en otro capítulo, el ejercicio es importante; lo fundamental es que cada uno, de acuerdo con sus gustos, sus metas y su presupuesto, escoja lo que más le conviene.

Con esta dieta he perdido 70 libras. Muchas personas me preguntan si al comienzo fue difícil y la verdad es que no se me dificultó e incluso comía más veces que antes, pero mejor; además, es una dieta fácil de hacer cuando viajas y durante esa época fui a los Latin Grammy en Las Vegas a pasar Labor Day en México, y a Nueva York, donde generalmente se come mucho. En los primeros tres meses hay que ser muy estrictos, sobre todo con los carbohidratos, pero después todo se vuelve más flexible. Y si un día caes en la tentación, lo importante es no dejarse derrotar y retomarla al día siguiente. Nunca hay que darse por vencido, porque cada día que pasa es una nueva oportunidad para demostrar de lo que somos capaces.

SEGUNDA PARTE

CAPÍTULO 5

Motivaciones para perder peso
y la satisfacción de verse bien

Hay muchos motivos para perder peso, desde los más serios hasta de pronto los más "superficiales"; lo pongo entre comillas porque no creo que lo sean tanto. Muchas veces quererse ver mejor responde a una necesidad mucho más profunda de lo que imaginamos.

La razón principal por la que muchas personas pierden peso es para mejorar su apariencia personal. Si ésa es tu verdadera motivación, no te dé pena confesarlo ni la escudes con una justificación relacionada con la salud. No es un pecado querer verse mejor; además, si el ánimo por tener mejor apariencia hace que las personas cambien sus hábitos alimenticios y su estilo de vida por uno más saludable, ojalá que cada vez más personas quisieran verse mejor.

En el mundo contemporáneo, y más en el medio artístico, el concepto de belleza está relacionado íntimamente con una figura esbelta. Y la mayoría de las veces, la búsqueda de este objetivo se ve recompensada con altas dosis de autoestima. Esto no está mal si la autoestima se convierte en un motor y el descubrimiento de nuevas oportunidades; ¿por qué vamos a rechazar esta motivación?

Lo anterior no es simplemente vanidad sino más que eso: es llenarse de la seguridad necesaria para conseguir, por ejemplo, un nuevo trabajo o el ascenso que mucho tiempo hemos esperado. Seamos claros en este punto: a veces la persona cree que ha conseguido su nueva posición por su nueva figura, cuando la verdad es que la razón es la seguridad que le ayuda a proyectar esa nueva figura o que la pérdida de peso se convirtió en la excusa perfecta para tomar una actitud más positiva frente a la vida. ¡Es algo psicológico, no físico!

Pero debemos ser cuidadosos, por lo cual quiero llamar la atención sobre un fenómeno de nuestros tiempos: el cine, la televisión y las revistas nos bombardean permanentemente con imágenes de cuerpos "perfectos", formando en la conciencia colectiva el prototipo de la belleza ideal. En parte, me confieso culpable de esta situación cuando no me canso de elogiar las curvas de Ninel Conde, de Vida Guerra o de las actrices y modelos que se meten al jacuzzi de "El Gordo y la Flaca". Por otro lado, a pesar de ser gordo, me ha tocado reportar y dar noticias de personas con problemas de gordura. Ya les comenté el incidente con Oprah, pero hubo otro más célebre.

En medio del escándalo que se generó porque la Miss Universo, Alicia Machado, había ganado unas libras de más y mucho se especulaba que su corona estaba en riesgo, fui a entrevistarla a Los Ángeles. Era mi primer reportaje para "Primer Impacto", que en esa época se transmitía los martes a las 10:00 de la noche y quería entrar con el pie derecho y bien fuerte. ¡La historia no podía ser mejor! Había conocido a Alicia desde que participó en el concurso Miss Venezuela representando a su estado y había quedado impresionado con su gran personalidad.

Todavía no sé cómo, pero conseguí llevarme a Alicia a comer hot dogs a Hollywood. ¡Y Alicia no se comió uno

Con la recién coronada Miss Universo 1996, Alicia Machado,
comiendo perros calientes en Los Ángeles.

sino tres! Luego la llevé a pasear en un convertible, con tan
mala suerte para ella que el programa "Hard Copy", que
yo había invitado sin que ella se diera cuenta, nos estaba
siguiendo y más tarde sacaron las imágenes de Alicia comiendo hot dogs. Alicia siempre se ha defendido diciendo que
la gran mayoría de las reinas de belleza suben de peso después de ganar la corona y que todo el escándalo fue pro-
movido sin su conocimiento por Donald Trump, dueño del
concurso, con el fin de anunciar el patrocinio de un cereal
para adelgazar.

A muchos les habrá parecido extraño o incluso hipócrita
escuchar a un gordo hablando del sobrepeso de otra persona, pero mi audiencia sabe que mis cubrimientos están cargados de humor más que de crítica y en cuestiones de peso es
obvio que no puedo criticar. En el fondo, sentía no sólo sim-
patía sino también solidaridad por Alicia. Era increíble ver a
una mujer tan bella, con unas medidas que cualquier mujer
soñaría, que era criticada por tener unas libras de más.

Generalmente en el verano, las revistas de entretenimiento también publican artículos en los que aparecen los galanes mostrando sus abdominales y dando consejos para lograr el cuerpo perfecto. Yo también acostumbro leer estos consejos y muchas veces me quedo sorprendido con algunas de sus recomendaciones. Me acuerdo que un galán mexicano de la nueva generación decía que se la pasaba tomando sólo claras de huevo crudas para mantener su "six pack".

Las campañas publicitarias también se encargan de perpetuar este estereotipo de la perfección llevando a muchos a realizar dietas que son dañinas para el organismo o a llenarse de sustancias químicas que supuestamente quitan el apetito o queman la grasa. Incluso hombres y mujeres, sobre todo jóvenes, pueden convertirse en víctimas de la anorexia; pero lo peor de todo es que están detrás de un sueño de belleza irreal o más bien digital. Como fotógrafo sé que muchas de las imágenes que aparecen en los avisos, en las páginas de las revistas y en los calendarios de los famosos pasan por la mano embellecedora y "adelgazadora" del *photoshop*; entonces las personas compran un prototipo de belleza que no existe en la realidad.

Por eso me pareció muy interesante que, en los últimos años, la revista *People* en español primero me incluyera en la lista de los mejores vestidos y luego en la de los bellos, ¡algo que yo sabía porque mi madre y mi esposa siempre me lo han dicho! Creo que es una de las pocas oportunidades en el mundo que una persona con sobrepeso clasifica en algunos de esos listados. También he salido en los comerciales de televisión de la compañía ATT en pantaloneta y camiseta con todos "mis *rolls over*". Digo esto no por presumido sino porque en parte me siento orgulloso de ayudar a combatir los estereotipos que siempre acompañan a los gordos; pero, por otro lado, no quiero ser considerado cómplice del sobrepeso ni que un niño hispano con sobrepeso les conteste a sus padres cuando le recomienden que cambie de dieta: "Dejen de molestar, miren al gordo de Molina: famoso, exitoso y feliz y seguramente si hubiera sido flaco no hubiera llegado tan lejos".

Por eso quiero dejar claro que, en mi caso, mi motivación principal para perder peso fue la salud y verme mejor resultó ser una grata consecuencia de ese proceso. Después de tener una operación como la que tuve y sufrir una enfermedad cuyo solo nombre produce pánico, sabía que tenía que tomar medidas extremas. Pero valga hacer la aclaración de que mi enfermedad del riñón no tiene que ver con el sobrepeso, pues le puede dar a una persona que pesa 100 libras como a otra que pese 500. Después de llegar de unas vacaciones en Venecia, donde a pesar de que caminaba mucho subí varias libras, tomé una decisión radical: como les conté, empecé una dieta en forma disciplinada y juiciosa, reforzando mi dosis diaria de ejercicio.

Es importante que antes de iniciar una dieta o un nuevo régimen de ejercicio consultes con tu médico. Es necesario que te practiques unos exámenes que permitan al médico hacer una evaluación del estado en que te encuentras. No todos los alimentos ni todos los ejercicios funcionan por igual. Las dietas que funcionan para una persona de pronto no funcionan para otra, incluso en un mismo hogar. Eso se debe a que todos los organismos son diferentes, así como sus necesidades y la forma en que reaccionan. Un médico te ayudará a determinar cuál es la mejor alternativa para tu cuerpo y tu estilo de vida. La ayuda médica será fundamental en el proceso de seguimiento y, una vez alcanzada la meta, en la fase de mantenimiento.

Aunque respeto la decisión de personas que se someten a procedimientos quirúrgicos para perder peso, ya sea liposucciones o recortes de estómago, yo preferí hacerlo con dieta y ejercicio. Creo que este tipo de retos se convierten además en una forma de demostrarte a ti mismo que puedes conseguir lo que te propones y que eres capaz de sobreponerte a las tentaciones. Una dieta, sin quererlo, puede convertirse en una lección de disciplina, perseverancia y valor que nos recuerde cada día lo capaces que somos como seres humanos.

Quiero hacer énfasis en que un cuerpo sin sobrepeso es saludable, es un organismo que permite a todos sus sistemas funcionar a la perfección y resulta menos vulnerable para el desarrollo de enfermedades. Como puede explicarte un médico o un nutricionista, una dieta saludable hace que tus sistemas circulatorio, respiratorio, digestivo y reproductivo funcionen a la perfección y en forma sincronizada. Tu presión arterial y tus niveles de colesterol, azúcar y ácido úrico son parámetros de tu salud que se normalizan. Por otro lado, una dieta saludable te permite levantarte con ánimos, mantener altos niveles de energía y dormir mejor. Creo que alcanzar este nivel es la mejor motivación que podamos tener.

Por si fuera poco, tu apariencia personal también mejora; así hablamos no sólo de una figura más estilizada, sino también de una piel y un cabello más sano. Los efectos de una dieta saludable se ven tanto por fuera como por dentro. Con el cuerpo y el alma bajo control, naturalmente que también tienes que sentirte mejor, con el estímulo adicional de que te ves mejor. ¡Es una especie de paquete completo! Tú lo sabes y la gente te lo dice.

Perder peso tiene otra motivación adicional y es lo que llamo *el efecto multiplicador de los ex gordos*. No es ninguna fórmula científica que inventé sino el producto de la observación y del sentido común, ni tampoco hay que ser matemático para descifrarla. Lo explico de la siguiente forma: cuando un hombre o una mujer pierde peso, alguien en su círculo cercano también se motiva a hacerlo, primero en su familia y luego en su grupo de amigos más cercanos y

después en los conocidos. Y así sucesivamente, sus familiares y amigos también se sienten estimulados a seguir su
ejemplo, logrando expandir la conciencia sobre una dieta
balanceada y un estilo de vida saludable, dos de los pilares
fundamentales de la medicina preventiva.

CAPÍTULO 6

Cambio de hábitos. No importa la edad, el sexo y la ocupación

Hubo un comercial muy famoso en el que una persona con sobrepeso ordenaba una hamburguesa con doble carne, queso y tocineta, papas fritas y luego la versión *diet* de su bebida favorita. Siempre me pareció divertido, pero también refleja que la persona que lo ordenaba estaba consciente de que debía cuidarse, pero no se daba cuenta de que la rebaja en calorías de su bebida no era suficiente. Empecemos diciendo que cambiar el estilo de vida no es cambiar la bebida normal por una bebida dietética.

Como se dieron cuenta en la primera parte, he tratado de perder peso en distintos momentos de mi vida, desde que era un niño recién llegado a España, hasta un joven estudiante en Estados Unidos e incluso en mi edad adulta como presentador de televisión. Los métodos utilizados fueron diversos: dietas, pastillas y ejercicio, y los resultados también fueron variados; aunque algunos funcionaron más que otros, el problema seguía siendo el mismo; eran acciones encaminadas a perder peso, no a cambiar el estilo de vida y ahí está el problema. El cambio del estilo de vida es la única solución para perder peso y mantenerse, evitando las devastadoras consecuencias del efecto yo-yo, es decir, ciclos de pérdida y aumento de peso constante que pueden poner en riesgo nuestra salud.

Muchos hablan que después de los 30 años es muy difícil perder peso. En mi caso, puedo decirles que a los 49 años perdí 70 libras, la mayor cantidad que he perdido después de varios intentos fallidos. Por tanto, la relación entre la edad y la pérdida de peso es un mito cuando se trata de un cambio en el estilo de vida. También escucho con frecuencia que los hombres perdemos más rápido el peso que las mujeres. En algunos casos, por cuestiones hormonales y de genética, eso es cierto, pero quiero contarles que cuando Mily se puso a dieta conmigo, los dos cumplimos nuestras metas. Mily, que tiene 47 años, quería perder 15 libras y lo logró.

Cualquier persona, sin importar su peso, puede cambiar su estilo de vida. Y aquí viene una buena noticia: las personas como yo, que empiezan su dieta con más de 50 libras de sobrepeso, son las que reaccionan más rápido a estos cambios de hábitos y empiezan a perder peso más fácilmente; o sea, no todo está perdido, por el contrario, nuestro organismo es tan inteligente y perfectamente concebido que premia a quienes sufrimos de obesidad con una rápida pérdida de peso cuando hacemos dieta y ejercicio para demostrarnos rápidamente de lo que somos capaces.

Sin embargo, creo que hay ocupaciones y trabajos que permiten llevar un estilo de vida más sano que otros. En mi época de fotógrafo, espero que les haya quedado claro que comer era prácticamente parte del trabajo. Pero también me he dado cuenta de que, con disciplina y motivación, hasta en las circunstancias más adversas podemos darle una vuelta favorable a nuestra vida. Créanme que para mí ha sido más difícil que para los demás. La mayoría de las personas tienen un horario de trabajo de nueve a cinco de la tarde y les es más fácil hacer la dieta porque no tienen que salir de la ciudad ni estar en almuerzos en trabajo y en reuniones en las cuales siempre se sirve comida.

Como se habrán dado cuenta, salir a comer por placer es parte de mi vida; es una oportunidad para no sólo disfrutar de una buena comida sino también para compartir con la familia y los amigos, atender a las estrellas con las que tengo una relación más personal y para tomarle el pulso a los sucesos de actualidad, por dentro y por fuera del mundo del entretenimiento. Además, me toca viajar y estoy en un avión constantemente, pero esto no debe servir de excusa. Más adelante daré unos consejos acerca de cómo manejar la dieta cuando estamos fuera de casa.

Se me olvidaba recomendarte que cuando salgas a comer y las personas que están contigo te dicen que no hagas dieta, que se trata de un solo día, diles simplemente "no". No es cuestión de mala educación, porque si cada día de la semana alguien te dice eso y tú les aceptas su recomendación, simplemente no hay dieta. Si te sales de ella un día, debe ser por algo muy importante, un acontecimiento que lo amerite o que te guste mucho. Y eso sí, al día siguiente a comenzar mucho más juicioso que antes; por ejemplo, en noviembre del año pasado, cuando fui a los Latin Grammy en Las Vegas, Nevada, llevaba cuatro meses en dieta. La rompí una vez en un restaurante italiano llamado *Bartolotta* en el famoso hotel Wynn y aunque durante la cena comí pescado, que era la especialidad del lugar, al momento del postre llevaron ocho tipos de sorbetes y helados y la rompí porque se veían muy bien y me gustaban mucho. Es que Las Vegas se ha convertido en la meca mundial de los restaurantes.

En mi caso, romper la dieta sólo una vez al mes me funcionó, pero no la recomendación de muchas personas que decían que hacían dieta toda la semana y el fin de semana comían lo que querían. Quizá a ellos les funcione, pero a mí no. Creo que esto es una mentira muy grande porque en cuestión de dos días puedes engordar fácilmente seis libras y ¡ustedes saben lo que cuesta adelgazar esa cantidad!

Entonces no vale la pena poner en riesgo nuestro esfuerzo de toda la semana para pisotearlo durante el sábado y el domingo. Lo digo por experiencia propia: a veces salgo de viaje por un fin de semana y he regresado hasta con... ¡10 libras de más! Muchos dicen que es retención de líquidos, pero no necesariamente. Lo que comas te hace engordar; si estás a dieta, mantente en ella durante todo el tiempo y cúmplela en forma rigurosa y estricta. A los afortunados que puedan comer lo que quieran durante el fin de semana sin engordar, mis felicitaciones y respetos infinitos pero creo que están mintiendo o que tienen la báscula dañada o sin calibrar.

Una de las cosas más importantes al cambiar los hábitos es aprender a comer, ya sea cuando estás en tu casa, en tu trabajo o sales a comer. Lo más importante es analizar qué comportamientos o "gustos" atentan contra tu dieta y tu salud, los cuales tienen que cambiar por completo. Por ejemplo, si antes te comías un pastel de postre, ahora no te comas ninguno o busca una alternativa que no tenga tantas calorías, como una gelatina o un pudín sin azúcar. Y si tienes ganas de un helado, ¿por qué no intentar con una fruta fría? Los nutricionistas recomiendan no consumir frutas al comienzo de una dieta, precisamente por su contenido de azúcar, pero, una vez superados los primeros meses, las frutas se convierten en un comodín para combatir esas ganas por consumir algo dulce. Y recuerda, cuando pienses en frutas, prefiere las que pertenecen a la familia de las *berries* como el arándano, la mora, la fresa y la frambuesa que son bajas en calorías y ricas en antioxidantes.

Desde que tomas la decisión de cambiar tu estilo de vida, tienes que verte desde otra perspectiva. Siempre digo que tienes que hacer de la dieta parte de tu vida. Sin llegar al extremo de que la dieta arruine tu vida. Ten la tranquilidad de que siempre vas a encontrar alimentos que puedes comer y disfrutar. Entonces lo importante no es cambiar unos alimentos por otros ni llenar la nevera de alimentos con etiquetas que simplemente digan *Light, Fat Free* o *Sugar Free*. Lo importante es saber cuáles son los tipos de alimentos que podemos comer, alimentos que nos den energía, que nos ayuden a perder peso y que sean buenos para nuestra salud.

Las horas de comer también son importantes. Sabemos que en nuestra familia no todos tienen el mismo horario, pues unos llegan primero y otros después; desafortunadamente, la vida moderna se ha llevado a su paso la experiencia de compartir la mesa en familia, uno de los momentos más importantes para consolidar los lazos entre sus miembros y compartir las experiencias del día. Pero resulta importante que tengamos una disciplina de a qué horas comemos, sobre todo en la noche. Como decían nuestros abuelos, es mejor cenar temprano, alrededor de las seis de la tarde. Así le damos al cuerpo el tiempo necesario para hacer la digestión y dormir plácidamente. ¿Se acuerdan cuando les comenté de mis comilonas en España a medianoche? Eso es precisamente lo que no debemos hacer. También es muy recomendable salir a caminar después de que comes.

Hablando de caminar, ahora pasemos a otro punto importante: la vida activa. Es importante tener en cuenta que si no haces dieta, el ejercicio no te funcionará y que si no haces ejercicio, la dieta sola no será tan efectiva. Pero quiero dejar claro que en mi caso, y dándole la importancia que se merecen ambos, para mí la dieta es primero y el ejercicio después; además, porque a medida que te sientes más liviano, disfrutas más del ejercicio y te sientes estimulado a practicar más. También digo esto porque hay muchas personas a las que el ejercicio les abre mucho el apetito y una larga e intensa sesión de ejercicios puede ser la responsable de echar la dieta por la borda.

Teniendo en cuenta lo que he vivido y por todo lo que me ha tocado pasar, te puedo contar que si comes sano y balanceado, haces ejercicio durante una hora por la mañana, sales a caminar una hora por la noche y tratas de no comer después de las siete de la noche, podrás perder 10 libras en las primeras tres semanas. De esa forma, no sólo te alimentas bien y llevas una vida activa para perder peso, sino también adquieres unos hábitos sanos que se reflejarán rápidamente en tu condición actual de salud, ayudando a prevenir muchas enfermedades relacionadas con el sobrepeso y el sedentarismo. Entonces, cambia tus hábitos y da la bienvenida a un nuevo estilo de vida más sano y dinámico.

CAPÍTULO 7

¡Ojo con los carbohidratos!

Como les comenté al comienzo, la dieta que realicé tiene unas claves que son muy fáciles de aprender e implementar en el estilo de vida de cada persona. A lo largo de este libro encontrarán consejos y recomendaciones y hasta un menú para 30 días, pero hay dos principios que no deben olvidar: comer porciones controladas varias veces al día y ojo con los carbohidratos. Empecemos por el segundo.

Aquí me toca ser un poco más explicativo: si uno de mis chefs favoritos, Ferran Adrià de *El Bulli*, ha demostrado que la preparación de los alimentos es un arte, la verdad es que el consumo y la naturaleza de ellos es toda una ciencia. Del conocimiento que tengamos de ellos va a depender en gran medida que obtengamos mejores resultados con nuestra dieta.

Los carbohidratos, también conocidos como glúcidos, son un grupo de alimentos diversos y abundantes que tienen su origen casi exclusivamente en el reino vegetal. Y empecemos diciendo que no son considerados nutrientes esenciales porque el organismo puede obtener toda su energía de las proteínas y las grasas. Para la gran mayoría de los que diseñan las dietas y los entrenadores personales, son una especie de

Rodeado de comida boricua. Uno de los fanáticos del show ganó un concurso de cocinarme e invitarme a comer a su casa en Washington Heights NY. Esas comilonas ya son parte de mi pasado.

demonios que hay que "exorcizar" de nuestra dieta y de nuestra vida. Otros dicen que son necesarios, que no debemos renunciar a ellos y lo importante es comerlos con moderación. Prácticamente, éste es un tema que divide a expertos y no expertos, pero la única verdad es que los carbohidratos son los alimentos favoritos de los gordos y los mayores responsables de su sobrepeso.

Hay dos tipos de carbohidratos: los simples y los complejos. Los primeros se caracterizan porque son de fácil absorción, entre los cuales cabe mencionar el azúcar, la miel, las jaleas, las mermeladas y las golosinas. No vayan a pensar que como son de fácil absorción, resultan buenos para la salud.

¡Todo lo contrario! Cuando consumimos este tipo de alimentos, nuestro organismo secreta una hormona llamada insulina que dispara el apetito y favorece los depósitos de grasa. Por eso, cuando te comes una galleta, te provoca otra y otra y no puedes parar; así, por su delicioso sabor, pueden convertirse en una especie de adicción, como la que prácticamente desarrollé por las tartas de manzana de *La Yema de Oro*.

Los carbohidratos complejos, por su parte, son de una absorción lenta. Ejemplos de ellos son los panes, los cereales, el arroz, la papa y el maíz. Podemos decir que la dieta de la mayoría de los hogares latinoamericanos está basada en carbohidratos complejos, lo cual debe ser considerado una señal de alerta.

Vale la pena hacer la aclaración de que algunos carbohidratos complejos, como la avena, tienen un alto contenido de fibra que ayuda a la digestión, nos limpia por dentro y por eso es buena para la salud. Por ello, no quiero que le digan un "no" rotundo a los carbohidratos, porque las necesidades alimenticias de todas las personas son diferentes, pero deben tener en cuenta cuáles carbohidratos son buenos para su salud y cuáles no.

Aunque muchos afirman que la distinción entre carbohidratos buenos y malos carece de base científica, considero que es una forma muy fácil de diferenciar lo que podemos comer y lo que no. Digamos de entrada que los granos como el maíz, el arroz y el trigo y los almidones como la papa y la yuca son carbohidratos malos. Si no los consumimos, nuestros niveles de insulina van a bajar y ya vimos que los altos niveles de insulina están relacionados con el apetito; además, al no consumir estos alimentos, nuestro organismo incrementa el consumo de las grasas como fuentes de energía, es decir, quemamos grasas.

En mi dieta, durante el primer mes, el arroz, las pastas, los panes y los postres desaparecieron totalmente de mis alimentos. A partir del segundo mes empecé a comer con mucha moderación pequeños triángulos de pan pita, así

Después de la dieta, en el restaurante Daniel en Nueva York, con su dueño y todos los latinos que trabajan en su cocina.

como una rebanada de pan integral cuando me provocaba o no podía resistir la tentación. Las canastas de panes de los restaurantes desaparecieron de las mesas, así como los postres del final, que antes esperaba con ansia.

¡Ay, los postres! Ésa fue la parte de la dieta que más me costó. Pero poco a poco me di cuenta de que había una variedad que podía comer y entonces hice el ejercicio de reemplazar unos por otros. Me recomendaron las gelatinas sin azúcar e incluso postres de chocolate y vainilla sin azúcar, que tenían menos de 80 calorías y que se convirtieron en mi sustituto perfecto.

Quiero hacer énfasis en este punto porque muchas personas me cuentan que ésta es la parte más difícil de una dieta. Me dicen que comen bien durante el día y por la noche, precisamente al momento del postre, todo se va al piso o, para ser más exactos, al estómago. Cuando aparece en la mesa ese plato frío y reluciente, todo está perdido. Lo peor es que después de haberse comido el postre viene una sensación de remordimiento o de culpa que muchas veces, en lugar de servir de estímulo para hacer borrón y cuenta nueva y seguir adelante, se convierte en la estocada final para dar por terminado lo que pudo ser el inicio de un régimen de vida saludable.

A ellos y a ustedes les digo que no se preocupen, que eso mismo me pasó a mí; por eso les voy a contar cómo manejaba esta situación. Cuando no podía resistir la tentación, me comía una cucharadita del postre y nada más. Sé que esto no es lo más recomendable, sobre todo en el primer mes de una dieta, pero también sé que a veces, por muy disciplinados que seamos, no hay otra opción. Sin embargo, sí les quiero advertir que el riesgo que corren muchas personas cuando se aventuran a una primera y única cucharada de postre es que después no pueden parar.

Yo trataría de que ese riesgo no se genere; entonces, podemos no desear con ansias ese postre porque durante el día hemos comido "nuestros postres", esos sustitutos de los que le hablé anteriormente. Se darán cuenta de que tienen buen sabor y de que con su textura cremosa y apariencia provocadora nos dejarán totalmente satisfechos y sin antojos. Lo mejor de todo, como verán en algunos ejemplos del menú, ¡es que podemos comerlos dos veces al día!

A ustedes les recomiendo que hagan lo mismo: escojan el alimento rico en carbohidratos que más les guste y busquen una alternativa para reemplazarlo. Esto podemos aplicarlo no sólo a los postres sino también a otros carbohidratos. Si te gusta el arroz, ¿por qué no remplazarlo por lentejas? Si te gusta la pasta para acompañar tu pescado, ¿por qué no intentar con una ensalada o con una berenjena asada? Si te gusta el pollo con papas fritas, ¿por qué no remplazar las papas por unos vegetales cocidos o, en el peor de los casos, con papas al vapor? Y así podemos continuar citando ejemplos sucesivamente. Lo importante es que identifiquemos esos carbohidratos que han contribuido a nuestro sobrepeso, los eliminemos de nuestra dieta y los remplacemos por alternativas más saludables.

CAPÍTULO 8

Ahora como más y peso menos

Anteriormente, yo comía menos y engordaba más. Era de las personas que desayunaba bien, como lo he hecho toda mi vida, y luego no comía nada hasta la hora de la cena. Siempre me habían dicho que "picar" entre comidas hacía engordar. Como supuestamente estaba a dieta, almorzaba un sándwich de atún con un té helado y unos *chips*, preferiblemente horneados o bajos en grasa. Durante la tarde no comía nada para cuidarme y poder disfrutar de una cena sin restricciones por la noche. Conclusión: cuanto menos comes, más hambre te va a dar y más vas a engordar.

De lo anterior se deduce que la dieta no es tanto cuánto comes sino qué comes, cuánto comes y cada cuándo lo comes. Por eso, una de las primeras cosas que aprendí, después de conocer los alimentos que hacían engordar y los que no, fue aprender la frecuencia con que debía consumir mis alimentos. Creo que la forma más fácil de que entiendan es contarles lo que comí durante el día de hoy.

Ya les conté de mi desayuno, que consiste en un yogurt bajo en calorías, una tortilla de claras de huevo con queso bajo en calorías y tomate y un jugo fresco de apio con tomate. Luego, a mitad de la mañana como un *snack* o un plato de vegetales asados con aceite de oliva. Al almuerzo, una deliciosa sopa de lentejas con una ensalada de atún sobre una base de lechuga y hojas de espinacas frescas, sin faltar mi postre: una gelatina sin azúcar. En este punto les digo que las sopas de vegetales y granos calientes además de ser nutritivas, te llenan. Pero siguiendo con el menú, a la mitad de la tarde, un tomate o un pimiento relleno con pavo y por la noche una sopa de verduras, un pollo asado con chimichurri, acompañado de una ensalada de pepinos y unas habichuelas hervidas con almendras molidas por encima y, para rematar, un pudín de chocolate sin azúcar.

No me vengan a decir que no parece delicioso. Lo mejor es que durante todo el día no te da hambre, te quita todo tipo de ansiedad y te sientes lleno de energía. Como les conté, al principio pensaba que todo esto me iba a engordar más, era mucho más de lo que comía antes, pero desde la primera semana te darás cuenta de los increíbles resultados. El secreto está en que nuestro metabolismo trabaja todo el tiempo y nuestro apetito se encuentra controlado.

Quiero llamar ahora la atención sobre dos puntos: la calidad y la cantidad de los alimentos. Nos toca aprender cuáles son los tamaños de porciones adecuados. Cuando les hablaba del pollo asado con chimichurri del día de hoy, no me refería al pollo completo, ni mucho menos a dos pechugas. El tamaño de las porciones es fundamental y para ello hay un truco muy sencillo: ¿sabían ustedes que el tamaño perfecto de una porción de carne, pollo o pescado debe ser el de un mazo de naipes? Entonces pensemos en las veces que nos han servido en la casa o, más frecuentemente, en un restaurante una porción de la que puede comer sin problema toda la familia. Y hablando de restaurantes, de ahora en adelante les recomiendo que siempre pidan media porción, la cual es mucho más de lo que debiera ser una porción normal.

Comida sana, apetitosa y baja en calorías, la combinación perfecta para perder peso y alimentarse bien.

Otros han inventado sus propias medidas. Un amigo me dijo una vez que sabía que la porción de pollo, carne o pescado era la correcta porque no ocupa más de una cuarta parte de su plato. Yo le dije que no estaba tan convencido porque todo depende del tamaño del plato. Sin embargo, creo que cada cual puede diseñar sus propias reglas, pero para ayudarlos, en este libro encontrarán varias fotografías de los platos para que vean el tamaño y la proporción frente a los otros alimentos.

El otro punto es la calidad de los alimentos. Para empezar, les recomiendo que prefieran los alimentos frescos y no los enlatados, los cuales tienen una alta concentración de sal y de químicos que los ayudan a su conservación pero que no son buenos para nuestra salud. Y recuerden también: cuanto menos procesados sean los alimentos y más cercanos se hallen a su forma natural, mejor. ¡Entonces, a comer fresco!

Hablando de alimentos frescos, ahora los productos orgánicos y sus ventajas se han convertido en tema de conversación permanente y muchos restaurantes los han incluido en sus menús. Éstos son productos que por la forma de cultivarse son más saludables, porque en este proceso no se usan agroquímicos y se busca una total armonía con el medio ambiente. Por tal razón, están libres de sustancias tóxicas que puedan afectar la salud de la gente. Muchas personas dicen que todo lo que gira alrededor de los alimentos orgánicos es puro y simple mercadeo, pero la verdad es que, al menos en Estados Unidos, aquéllos se hallan sometidos a una regulación y a una certificación, que al menos te da más tranquilidad sobre lo que llevas a tu organismo.

Yo he incorporado alimentos orgánicos a mi dieta diaria, pero sé que estos productos son más costosos en los supermercados que los normales, e incluso a veces cuestan el doble. Entonces, como quiero que pierdan peso pero no sus ahorros, ¿por qué no intentar ir los fines de semana a los mercados que hacen en los barrios donde se venden alimentos frescos, donde además consigues muchos alimentos producidos en tu misma zona, apoyando así a los granjeros locales?

Por otro lado, quiero recordarles que los alimentos deben ser preparados sin sal. Cuando empieces a probar los alimentos sin sal, te pasará algo muy extraño: los alimentos empiezan a saber diferente y descubrirás sus verdaderos sabores, que casi siempre están escondidos por la sal. Y no olvides ordenar tu comida sin sal en los restaurantes. Ahora incluso se ha puesto de moda en los restaurantes que te pongan varios tipos de sal provenientes de distintos lugares del mundo. Con sus colores exóticos y su brillo cristalino te pueden llamar la atención, pero no te dejes llevar por la curiosidad, rosa o grisosa, de Hawai o del Himalaya, ¡sal es sal!

Para finalizar, como se darán cuenta, en el menú hay muchas ensaladas que se convierten, como una mujer que baila bien y a cualquier ritmo, en la compañera perfecta de una noche de fiesta. Las ensaladas, por su gran variedad, van con todo. Las opciones de combinaciones y de preparación son infinitas, pero tengan cuidado con los aderezos, porque muchas veces éstos terminan teniendo más calorías que toda la comida junta. Les cuento que el mejor aderezo del mundo es simplemente una cucharadita de aceite de oliva extra virgen y unas gotas de limón.

CAPÍTULO 9

El ejercicio: el complemento perfecto

Hace poco vi una película animada llamada *Wall-E* y me sorprendió ver cómo la gente en el futuro se mostraba obesa porque no caminaba para nada ni hacía ningún tipo de ejercicio. Controlaba todo desde una silla y tenía robots que les hacía todo; pero no hay que vivir en el futuro para volverse sedentario. La vida moderna nos ha traído muchas comodidades, pero también menos oportunidades para ejercitarnos. ¡Ya ni siquiera nos toca pararnos de la silla para cambiar el canal, contestar el teléfono y abrir el garage!

Como les había dicho cuando trataba el tema de los cambios de hábito y el estilo de vida, el ejercicio es parte fundamental de este proceso. Empecemos diciendo que el ejercicio no es un castigo ni debe serlo cuando comemos de más; por el contrario, es una forma de ganar energía, mejorar nuestra respiración y sentirnos mejor.

Hay varios tipos de ejercicio, cada uno con un propósito específico: unos buscan mayor elasticidad y movilidad otros, mayor fuerza, mejorar la respiración; y aun otros, mayor desarrollo muscular, pero para quien quiera perder peso, el ejercicio más importante es el cardiovascular.

Los ejercicios cardiovasculares son aquellos que envuelven los músculos largos, como las piernas. Entre sus beneficios están la baja de la presión arterial, aceleran el metabolismo y queman calorías, por lo que son los ejercicios indicados para perder peso. Este tipo de ejercicios se puede hacer dentro o fuera de la casa, con o sin un entrenador. Para las personas que requieran ayuda, hay muchos videos y programas de televisión dedicados a este tipo de ejercicio.

A continuación les presento un listado de ejercicios cardiovasculares:

- Caminar.
- Trotar.
- Correr.
- Montar en bicicleta.
- Saltar la cuerda.
- Nadar.
- Jugar algunos de estos deportes: tenis, béisbol, futbol, basquetbol o volibol, entre otros.
- También se pueden hacer ejercicios cardiovasculares dentro de la casa, usando bicicletas estáticas, trotadoras, escaladoras, máquinas elípticas y remos, entre otros.

A mí me funcionó hacer una rutina de ejercicio por la mañana que consistía en calentamiento, un poco de ejercicio cardiovascular, estiramientos y pesas, y por la noche realizar una actividad más fuerte; en mi caso fue el tenis, que te obliga a reaccionar rápido y a efectuar desplazamientos, pero otras personas pueden ensayar montar en bicicleta, nadar o jugar futbol.

Últimamente estoy jugando menos tenis por la noche y caminando en la mañana con Mily alrededor de una hora y media, lo cual además me relaja mucho y me carga de energías para comenzar bien el día. Al llegar de caminar,

tengo una sesión con mi entrenador que la describiré posteriormente y que dura media hora. Cuando empecé la dieta, la sesión duraba una hora diaria, pero cuando alcancé mi meta de pérdida de peso, se disminuyó a media hora, para un total de casi dos horas en la mañana de ejercicio.

Es importante tener en cuenta que debemos cambiar la rutina de ejercicios porque el cuerpo se acostumbra y éstos ya no son tan efectivos como antes. Cambiar de ejercicio es una oportunidad también para tratar de descubrir una nueva afición e interesarnos por algo que no conocíamos. Eso le pasa a la gente que descubre por ejemplo el *spinning*, clases en bicicleta estática al ritmo de la música que ahora son muy populares en los gimnasios, o el *kick boxing*, que se ha convertido en una de mis prácticas favoritas porque incrementa tu flexibilidad y te da mucha fuerza, además de que es divertido practicarlo.

Si puedes correr, mejor, pero caminar es la forma más fácil de hacer ejercicio, con distancias largas y velocidades moderadas; además, las caminatas con inclinación fortalecen los músculos de las piernas y ayudan a quemar más calorías. Una sesión de una hora a un buen ritmo es un buen punto de partida, pero dos sesiones, una en la mañana y otra en la tarde, son lo mejor, sobre todo si no haces ningún otro tipo de ejercicio. La caminata debe ser continua, sin interrupciones y precedida de una sesión de calentamiento para preparar los músculos. No olvides ponerte unos zapatos y ropa cómoda que permitan la transpiración.

Por otro lado, hay que buscar oportunidades para caminar; por ejemplo: si vives cerca de la tienda, no tomes el carro. Al caminar, no sólo quemas calorías sino también ejercitas tus brazos con el peso de las bolsas. Cuando llegues al centro comercial, busca siempre el parqueadero más lejos y trata de utilizar las escaleras, mas no el ascensor. Y, ¿por qué no llegar al restaurante caminando y regresar de la misma forma? Cuando el restaurante queda cerca de nuestra casa, le digo a Mily: "Vete en el auto que yo me voy caminando". Recuerda, cada paso que das es una reafirmación de tu nuevo estilo de vida.

Aparte de las caminatas y el tenis, también nado y hago pesas. La natación es uno de los ejercicios más completos que hay porque permite ejercitar varios grupos de músculos al mismo tiempo. Los fines de semana, si no quería salir a caminar, jugar tenis o hacer pesas, nadaba de un lado a otro de la piscina cinco veces, y así poco a poco fui aumentando hasta completar 15.

Hay gente que piensa que al hacer pesas creas músculo y te pones o te ves más gordo. A ellos les digo que esto no es cierto necesariamente porque cuando haces pesas también quemas calorías. Eric Zambrano, mi entrenador, siempre me dice: "Para crear músculo hay que quemar grasa", resaltando los beneficios de los ejercicios con pesas. El número de repeticiones y la cantidad de peso dependen del estado físico de cada persona y del tipo de meta que quiera alcanzar.

Para finalizar, quiero recordarles que los ejercicios que he enumerado sólo son ejemplos producto de mi experiencia, pero cualquier tipo de ejercicio o de actividad física es bueno. Para la gente que me dice que no tiene tiempo para hacer ejercicio, siempre le digo: "Claro que tienes tiempo, ¿por qué no te levantas una hora más temprano?". Si la excusa son los niños, entonces que tu esposo o tu esposa se ocupen de ellos por el rato que dure tu ejercicio.

Me pareció oportuno preguntar a mi entrenador cuál sería una rutina básica de ejercicios para compartirla especialmente con mis lectores en el lenguaje y en la forma más sencilla posible que esté al alcance de todos. Déjenme decirles que Eric es uno de los entrenadores más reconocidos y efectivos de Miami; por eso, entre sus clientes se encuentran los famosos de la ciudad. Con el conocimiento y la amabilidad que lo caracteriza, Eric escribió las siguientes recomendaciones acerca de ejercicios y alimentación especialmente para ustedes; aquí encontrarán consejos tanto para los que simplemente quieran perder peso como para quienes, estando en un peso recomendable, quieran ponerse en forma:

1. Para perder peso, recomiendo una rutina de cinco días a la semana de ejercicios cardiovasculares, como practicar bicicleta, caminar en una máquina o utilizar la simuladora de escalera conocida como *Stepmaster*. La primera sesión deberá ser de 25 minutos y cada día aumentar su duración en 5 minutos. Recomiendo hacer un entrenamiento diario, empezando por 45 minutos. Este tiempo se va incrementando, a medida que también vayas incrementando el tiempo de la sesión cardiovascular de cinco en cinco minutos hasta llegar a 45 minutos de cardio.

2. Otro consejo muy importante: utilicen una máquina diferente cada día. Es aconsejable no usar la misma má-

quina todo el tiempo, porque no sólo ayuda a que el cuerpo se acostumbre a trabajar en forma diferente sino también motiva y rompe la rutina y la monotonía sin generar el aburrimiento, que se convierte en el enemigo número 1 de cualquier sesión de ejercicios.

3. Antes o después del ejercicio cardiovascular, se puede programar una sesión con pesas. Para ello, es bueno tener en cuenta que vamos a dividir el cuerpo en dos partes; por ejemplo: si hacemos una sesión de bicicleta, el resto de tiempo podremos dedicarlo a hacer ejercicios enfocados en las piernas solamente, como las sentadillas y las extensiones de pierna; para quienes tengan acceso a un gimnasio les recomiendo una máquina llamado *Legexpress*. De acuerdo con la meta que cada uno tiene, se deben ejecutar de tres a cuatro sesiones, con repeticiones de 15 a 25 en cada una. Entre cada sesión, es importante tomar un descanso de entre 30 segundos y un minuto, lo cual depende de cómo se sienta la persona y en qué condiciones físicas está.

• El otro grupo de ejercicios puede estar enfocado en la parte superior del cuerpo, ejercitando los hombros, la espalda y luego los brazos, para los bíceps y los tríceps. Recomiendo tres ejercicios por músculo. Claro, al pasar el tiempo, la rutina tiene que incrementarse, pasando a cuatro ejercicios por músculo, así como aumentar el peso que utilizamos. Obviamente, la persona va a empezar a sentirse mucho más fuerte y rápida, producto también de un buen plan de alimentación.

• Como les ha contado Raúl, se sugieren siempre de cinco a seis pequeñas comidas que sean bajas en carbohidratos y en grasas saturadas, como aceites, fritos y mantequilla. Cuanto más comas durante el día, el metabolismo del organismo estará activo todo el tiempo. Así, cuando salgas a caminar, a trotar o a simplemente a pasear a tu perro, el organismo usará tu grasa corporal como combustible gracias a que alimentas tu cuerpo periódicamente.

- Cabe aclarar que, como Raúl les ha contado de dietas para perder peso, aprovecho la oportunidad que me da para presentarles un régimen alimenticio más estricto para aquéllos que están más enfocados en ponerse en forma y mejorar su figura.

COMIDA 1

El desayuno no puede faltar. Algunos aficionados al deporte o gente normal prefieren incluso desayunar con un batido de proteínas que tiene de uno a dos gramos de carbohidratos y de 23 a 25 gramos de proteína. Estos batidos se pueden mezclar en ocho onzas de leche descremada.

COMIDA 2

Cuando sientas hambre, aproximadamente a la hora y media o dos horas, puedes hacer una tortilla o un *omelet* con claras de huevo, que son muy ricas en proteínas, mezcladas con los vegetales que más te gusten. No hay que freírla en aceite, afortunadamente, ahora existen en el mercado esos aerosoles que nos permiten freír sin tener que consumir el aceite que antes era necesario.

COMIDA 3

Después de tres horas, recomiendo otra vez el mismo batido de la mañana.

COMIDA 4

A las tres horas, les recomiendo comer una pechuga de pollo sin piel, al horno o cocida, acompañado de vegetales fibrosos, como el brócoli y las habichuelas. Es importante decirles también que les recomiendo acompañar las comidas con agua, pero las bebidas sodas no forman parte de este plan.

COMIDA 5

Podemos escoger una variedad diferente de proteína, como el pescado, nuevamente acompañado de un vegetal y agua.

La mayoría de las personas sugiere que no hay que comer antes de irse a la cama. Yo les digo: todo depende de lo que vayas a comer. En el plan de perder peso, si no comes, no pierdes peso. Si necesitas algo adicional, te recomiendo media porción de queso cottage, que ofrece un alto contenido de proteína mientras es bajo en grasa. A diferencia del pescado, el pollo y la proteína de los batidos, el queso cottage pasa por un proceso digestivo más lento y permite que el cuerpo se siga alimentando durante las seis, siete u ocho horas de sueño. Cuando el cuerpo no se alimenta, todo se detiene y así el proceso de perder peso es cada vez más difícil.

Para finalizar, quiero recomendarles seguir planes fáciles porque las dietas y rutinas de ejercicios complicadas no pueden mantenerse por siempre. El plan de alimentación que sugerí pueden realizarlo de tres semanas a un mes y después cambiar, porque el cuerpo exige nuevas demandas de calorías; además, hay que mover la dieta a otro nivel porque estás más fuerte, has creado nuevas cantidades de músculo y el nivel de grasa corporal ha disminuido gracias al entrenamiento y a la dieta.

CAPÍTULO 10

Fases en la pérdida de peso, cómo mantener la motivación y evitar el efecto yo-yo

Como si fuera una carrera de ciclismo o un partido de tenis, el proceso de pérdida de peso también tiene sus etapas y sus *sets*. Podríamos decir que la primera es la más difícil, pero la más satisfactoria. Sé lo que se siente cambiar de un momento a otro tu estilo de vida y renunciar a muchas de las cosas que más te gustan, pero es increíble cómo cambia esa sensación, muchas veces de frustración, cuando empiezas a perder peso. Ése es el momento cuando creo que la persona está más altamente motivada sólo porque ha visto los resultados y de lo que es capaz.

El primer mes de dieta es esencial. Lo llamaría un mes de choque pero también de adaptación porque nuestro organismo y nosotros empezamos a acostumbrarnos a esta nueva vida; generalmente, en esta época los resultados son más rápidos. Muchas veces las personas que hacen dieta dicen que a partir del segundo mes todo se detiene. Y traté de fijarme muy bien por qué ocurría este fenómeno. He llegado a la conclusión de que muchas personas no pierden mucho en el segundo mes porque no son tan disciplinadas como al principio, empiezan a hacer excepciones y abusan

de los privilegios. Es decir, empiezan a salirse de la dieta, o si ya pueden comer pan pita, no se comen un triángulo, sino uno entero y hasta tres.

Otro tema que pasa en el segundo mes es que muchas personas no continúan con su rutina de ejercicios, lo cual es un error. Por el contrario, como me lo ha explicado muchas veces mi entrenador, la sesión de ejercicios debe aumentar en tiempo e intensidad para que sea efectiva, porque el cuerpo se acostumbra a la rutina y nos toca despertarlo de vez en cuando.

Cuando ya hemos alcanzado nuestra meta de pérdida de peso y queremos mantenerlo, nos toca seguir haciendo ejercicio y conservando los buenos hábitos alimenticios que hemos adquirido. No podemos simplemente bajar la guardia y renunciar a algo que nos ha costado mucho esfuerzo y sacrificio. Entonces, lo más importante es mantener claro qué queremos y seguir en nuestra lucha. Ya hablamos de las motivaciones para perder peso al inicio de la segunda parte de este libro, pero esa motivación no hay que dejarla desaparecer sino mantenerla.

Es importante mantenernos en un peso estable. He conocido personas que tienen dos clósets en sus casas: uno para cuando están gordas y otro para cuando están flacas. Y no exagero: sé que muchos hombres y mujeres dividen su ropa, lo cual depende del peso en que están. Bajar de peso y volver a subirlo para luego bajar es malísimo para el organismo: es una especie de montaña rusa sin control ni cinturón de seguridad que daña nuestro sistema y nuestro metabolismo.

Ese fenómeno se llama comúnmente *efecto yo-yo*. La gente hace una dieta, adelgaza y después vuelve a recuperar lo que perdió o, en algunos casos, más. Esto ocurre con mucha frecuencia cuando se hacen estas especies de dietas milagrosas. Generalmente tales dietas de corta duración hacen que perdamos libras y que nuestra cintura esté más delgada, pero hemos perdido agua, proteínas, minerales y no grasa muscular, que es la verdadera responsable del sobrepeso y de la obesidad. Después de terminada, el cuerpo vuelve a su funcionamiento y la persona sube de peso de forma automática, con todos los riesgos y efectos negativos que estas fluctuaciones traen consigo.

Lo que les propongo no es hacer una dieta sino un cambio en su estilo de vida que va a durar más de uno, dos o tres meses. Quiero que se motiven y aprendan, como lo hice yo, el valor y significado de los alimentos y la forma de comerlos para estar y vernos más saludables; que aprendan también a reconocer la importancia de una vida activa y ejercicio. Así buscaremos lograr resultados que permanezcan en el tiempo, ¡y ese yo-yo tiene que irse directo al cajón de los juguetes!

Sin pecar de vanidoso, quiero decirles que una de las motivaciones más grandes para seguir perdiendo peso en unos casos o mantenerse en otros ocurre cuando las personas nos ven en la calle y nos dicen lo bien que lucimos porque hemos perdido peso. A mí en verdad esto me ha ayudado muchísimo y me motiva a no volver a engordar. Me acuerdo que una vez llegué a una funeraria a la velación de una persona que había muerto y desde la entrada todo el mundo empezó a decirme lo bien que lucía. Llegué a la capilla casi a la media hora porque no podía caminar sin que todo el mundo me saludara con múltiples cumplidos. A mí me parecía todo esto muy extraño porque en la funeraria todo el mundo está triste o conversando en forma callada, pero todo el mundo me recibía de forma eufórica, elogiándome y felicitándome por el peso que perdí. Esto te da ganas de seguir con la dieta.

Cuando había perdido 50 libras y recorría los pasillos de Univisión, la gente no se cansaba de elogiarme e incluso me decía que ya no siguiera perdiendo peso. Había un camarógrafo colombiano en el programa que siempre me decía: "Ya no eres el mismo gordo, has perdido demasiado peso, la cara no se te ve igual, se te ve papada...". Yo siempre le decía y les digo a ustedes: prefiero tener la papada caída y la barriga caída que estar gordo.

Lo mejor que me ha pasado en mi vida fue cuando los pantalones me quedaban grandes y tuve que mandarlos arreglar. Hace poco caminaba en la playa frente al edificio donde vivo y me encontré a un cantante español que viene cada seis meses. De repente empezó a mirarme raro, como con dudas, y de repente me dijo: "¿Raúl?, casi no te reconocía, has perdido mucho peso. ¡Qué bien luces, eres otra persona! Cuéntame, ¿qué has hecho?". Eso te entra en el corazón, te sientes mejor y sabes que debes seguir adelante. Es una satisfacción que puedo decírtela yo y todo el que haya perdido peso.

Lo mejor de todo es que no hay que ser famoso ni salir en televisión para obtener esta satisfacción. Si estás a dieta, a medida que pierdas peso, las personas que te conozcan serán las primeras en reconocerlo y en felicitarte por tus logros. Y tienes que seguir adelante porque eso te va a hacer sentir mejor.

Por otro lado, sobre todo cuando llego de viaje y alguien me dice "parece que has engordado un poco" o "te veo más hinchado", no tomo a mal estos comentarios. Por el contrario, son una especie de advertencia, una señal de alerta para que los próximos días seamos más estrictos con nuestra dieta. Las personas que nos rodean y los agujeros del cinturón son los mejores indicadores de las fluctuaciones de nuestro peso, tanto hacia arriba como hacia abajo. Y esas "cariñosas advertencias", que al principio pueden ponernos tristes e incluso molestarnos, también deben servirnos de motivación y decirnos a nosotros: "yo sentía que había aumentado.

Esto es sólo una confirmación. Ya es hora de regresar a la normalidad y seguir con mi estilo de vida de alimentación sana, balanceada y ejercicio".

En marzo de este año fui a China y durante los 18 días que estuve allá aumenté unas ocho libras aproximadamente. Aunque caminé mucho, no hice mucha dieta al final del viaje; pero la verdad es que pude haber llegado con muchas libras de más si no me hubiera tratado de cuidar. Cuando regresé, me puse a dieta rigurosa para perderlas y lo conseguí al cabo de 15 días.

Conozco el caso de personas que viajan en cruceros durante 10 días, donde sirven los famosos *buffets* y cuando regresan traen no sólo compras y *souvenirs*, sino también 20 libras de más empacadas debajo de la camiseta. Conozco otros casos que han perdido todo lo que han adelgazado en una sola vacación y prácticamente la ropa que se llevaron no les sirve al regreso. Por eso, en los viajes no podemos perder la motivación; pero si la perdemos, hay que reiniciarla en forma rigurosa en cuanto regresemos.

Quiero mantenerme así como estoy por el resto de mi vida. Sí, estoy gordo, pero comparado con lo que he llegado a pesar —374 libras, cuando me casé con Mily—, me veo bien, aunque lo más importante es que me siento bien. Cuando me pongo a pensar en lo que llegué a pesar, no dejo de aterrarme. ¡374 libras!, es decir, tres veces lo que pesa Mily y casi siete veces lo que pesa Mía. No quiero volver nunca a ese peso sino mantenerme en el que estoy y, si subo unas libras más, espero que la gente me lo diga, no voy a molestarme sino que voy a agradecérselo. ¡Ya saben!

CAPÍTULO 11

Otras claves para perder peso

Perder peso no se consigue con una fórmula mágica; ojala fuera así de fácil. Esa fórmula no existe porque cada organismo es diferente, pero poco a poco los estudiosos se han dado cuenta de ciertos estilos de vida que contribuyen a perder peso y son saludables para la mayoría de las personas. Desde ese punto de vista y como se los dije en su momento, hay que saber entonces qué suma y qué resta.

Espero que la lectura de los capítulos anteriores les haya despertado el interés por conocer cuáles son los alimentos que debemos comer, en qué cantidad y con qué frecuencia. En la próxima parte les mencionaré además un grupo de alimentos que no debe faltar en tu compra y al final encontrarán un menú que pueden seguir durante 30 días y al cual poco a poco pueden hacerle ajustes de acuerdo con sus necesidades y sus gustos. Por otro lado, espero que también hayan entendido la importancia que tiene el ejercicio en todo este proceso y que se hayan entusiasmado a empezar a caminar y, ¿por qué no?, a practicar algún deporte.

Ahora quiero darles unas claves que pueden ayudarlos en este proceso, muchas de las cuales se relacionan con los pun-

tos que hemos mencionado en los capítulos precedentes, pero otras son totalmente nuevas.

Fíjate metas realistas

Como en todas las cosas de la vida, es mejor soñar con los ojos puestos en el cielo pero con los pies bien firmes sobre la tierra. Fijarse una meta para la pérdida de peso no es una excepción. No podemos convertirnos de un momento a otro de obeso u obesa en Sebastián Rulli o Patricia Manterola. Es importante entonces que, con la ayuda de un médico y/o nutriólogo, fijes una meta que esté acorde con tu cuerpo y con tus necesidades. Es preferible colocar metas por periodos, es decir, metas por cada semana o por cada mes, hasta que lleguemos a nuestro peso ideal. Las personas que desde el principio se ponen metas muy grandes pueden tirar la toalla demasiado rápido.

Ojo con tu bolsillo

Ésta no es exactamente una clave para perder peso sino para no perder "tus pesos". Al iniciar este proceso, es importante tener en cuenta si puedes financiar tu nuevo estilo de vida. Cambiar tus hábitos alimenticios, comprar una bicicleta o inscribirse en un gimnasio tiene su costo; pero el dinero no debe ser una excusa porque espero que hayas podido darte cuenta de que la gran mayoría de las cosas que nos hemos propuesto están al alcance de cualquier persona y cuando hay alimentos a los que no puedas acceder, busca equivalentes de acuerdo con tu presupuesto y estoy seguro de que los encontrarás. Incluso quiero decirte que si organizas muy bien tu menú y tu presupuesto, sacando de tu compra cosas engordadoras que son saludables y, por si fuera poco, costosas, puedes terminar gastando menos. Y si invertiste dinero, lo mejor es que cuides tu inversión conservando tu peso.

Mira la balanza y el espejo como tus aliados, no como tus enemigos

Conozco personas a las que les da miedo pesarse en la balanza o mirarse en los espejos, y prefieren ignorarlos y hacer como si no existieran. De esa forma, ellos se engañan y niegan la realidad. Si queremos perder peso y vernos mejor, estos dos instrumentos nos permitirán llevar un control y comprobar si lo que hacemos está dando resultado. El momento ideal para pesarse es en la mañana, en ayunas y sin ropa. Algunos incluso llevan un control de medidas a través de una cinta métrica y anotan todo en un cuaderno. Les recomiendo las básculas digitales para evitar cualquier tipo de "desajuste". Y sobre el espejo, aunque no seas narcisista, es bueno tener un espejo de cuerpo completo donde puedas, sin vergüenza, analizar cómo esta tu figura. Ese espejo será el testigo perfecto que te mostrará tu nuevo yo.

Cómo atacar la ansiedad

Muchos hombres y mujeres comen en exceso cuando se enfrentan a situaciones difíciles o complicadas. En esos casos, la comida se convierte en una especie de vía de escape a las preocupaciones. Al final terminan engordando y, por los riesgos que representa para la salud y la productividad, la obesidad termina en volverse otra preocupación. A esas personas les recomiendo aprender a relajarse, a respirar mejor y a disfrutar actividades placenteras como salir a caminar, escuchar música, leer un libro que las motive y, ¿por qué no?, ver "El Gordo y la Flaca", ¡toda una vacuna contra el estrés!

LA DIETA NO DEBE SER UN PLAN SECRETO

Nada de misterios ni de ocultarle a la familia que estás haciendo dieta; por el contrario, cuantas más personas se enteren de que estás a dieta, mejor. Ellos conformarán una especie de círculo de soporte que te apoyará y estará contigo cuando más lo necesites. A nadie tiene que darle pena hacer dieta. ¿Quién dijo que era malo querer sentirse y verse mejor? Ése es un derecho que tenemos todos los seres humanos, empezando por los obesos.

LAS AYUDAS VISUALES FUNCIONAN

Muchas personas pegan en la nevera una foto de su ídolo favorito que muestra el cuerpo perfecto que quisieran tener. Quizá para algunos esto sea una motivación y no quiero entrometerme en esto; pero me he dado cuenta de lo mucho que sirve de estímulo cuando una persona encuentra una foto de sí misma cuando estaba más delgada y esto la motiva a recuperar esa figura perdida. Dicha foto es una forma de recordar no sólo cómo nos veíamos, sino también cómo nos sentíamos en ese momento. Sin importar que el tiempo haya pasado, ya vimos que la edad no es un inconveniente para hacer cambios en el estilo de vida; por eso dicen: "más vale tarde que nunca". A otros, por el contrario, les gusta pegar en la nevera la foto donde se está más gordo, como un recuerdo permanente de que hay que llevar un estilo de vida saludable. Espero que ustedes escojan la alternativa con la que se sienten mejor.

PLANEA TUS COMIDAS CON ANTICIPACIÓN

Se ha podido comprobar que las personas organizadas con sus alimentos pierden peso más rápido y pueden mantenerse en forma permanente. Estas personas planean por anticipado lo que van a comer; así evitan la tentación o el cambio de última hora, que puede arruinar la dieta. Las personas que trabajan pueden organizar también su comida y dejar incluso preparadas algunas cosas desde el día anterior.

TODO TIENE SU ORDEN

A algunas personas les gusta mezclar toda su comida; yo prefiero comer y saborear cada alimento a la vez para disfrutar de su sabor y su textura. Trata de comer primero los vegetales y las sopas y luego las proteínas y los carbohidratos. Muchos dicen que de esta forma y masticando muy bien —¡acuérdate de que tu estómago no tiene dientes!—, ayudas a tu cuerpo a hacer la digestión. Pero también he descubierto algo muy importante: a veces, antes de llegar a los carbohidratos, ya me siento lleno y no tengo que seguir comiendo.

LLEVA TU ARMA SECRETA

Si sigues esta dieta y en un momento determinado sientes hambre, no pienses parar en un sitio de comida rápida o ir al dispensador por una soda o unas papas fritas. Lleva siempre a la mano una pequeña bolsa de almendras sin sal. Estas nueces son ricas en proteínas, fibra y antioxidantes y te sacarán de un apuro; además, ayudan a quemar grasa, aceleran el metabolismo y son una fuente de energía; pero por muy buenas que sean, ojo con la cantidad. Un puñado de almendras es suficiente.

CUIDADO CON LOS *ENERGY BARS*

Es increíble cómo se ha popularizado el uso de estas barras que muchas veces son promocionadas como reemplazos de los alimentos. Después de ser un privilegio de los atletas, podemos decir que se han convertido en parte normal de la dieta de las personas, incluida la de los niños. En el mercado encontramos muchas variedades, incluso llegando a orgánicas y vegetarianas; pero nos toca tener mucho cuidado porque muchas de estas barras esconden gran contenido de azúcar. Por eso, cuando estén en el supermercado será bueno que hagan el ejercicio y lean la información nutricional de cada una de ellas con el fin de identificar cuál es la mejor alternativa para tu estilo de vida.

APRENDE A LEER LA INFORMACIÓN NUTRICIONAL

Hablando de las etiquetas con la información nutricional, no quiero que te pase lo mismo que a mí con mi dieta de jugos. Acostúmbrate a leer cuidadosamente estas etiquetas, pero no sólo para ver el número de calorías, de proteína y de azúcar. Lo más importante es el tipo de porción del cual dan la información. Les comento una anécdota: un día estaba en uno de esos sitios donde preparan batidos saludables de frutas y proteína y veo en una canasta unas porciones de tortas que se anunciaban como naturales y *fat free*. Hubo una de chocolate que capturó inmediatamente mi atención. Leí la etiqueta como de costumbre: 190 calorías, y pensé que no estaba mal para ser una torta de chocolate. Cuando iba a pagar por ella, Mily volvió a leer la etiqueta y se dio cuenta de que en la parte de arriba decía que la información nutricional era para media porción solamente. Es decir, ¡la torta tenía el doble de calorías de lo que creía! Aprendí la lección y espero que ustedes también la aprendan.

TOMA MUCHA AGUA

A veces algunas personas tienen sed y comen, como si el hambre y la sed fueran lo mismo. Cuando tengamos sed, tomemos agua y cuando no, también. El agua no sólo hidrata nuestro cuerpo y nuestra piel, sino también nos produce la sensación de estar llenos. Los expertos aconsejan tomar ocho vasos de agua al día. Cuando quiero un sabor especial, trato de no utilizar ningún tipo de saborizante artificial; más bien, prefiero unas gotas de limón o unas astillas de canela, que le dan muy buen sabor. También tomo mucho té verde helado porque es muy refrescante, contiene muchos antioxidantes y es muy bueno para la digestión.

PONLE PICANTE

El picante les gusta mucho a mis amigos mexicanos. Agregarle dosis de picante a la comida ayuda a mejorar el sabor y a aumentar el nivel de satisfacción que nos produce; además, como estimulan altamente las papilas gustativas, no tenemos que comer tanto. Y no sólo es agregarle pique y pimienta a los platos, sino también podemos agregar pedazos de ají o de jalapeño a la ensalada y a la sopa; si quieren ir más lejos, ¿por qué no preparar un chile relleno con vegetales, uno de mis platos favoritos? Hablando de mejorar el sabor, quiero compartir un consejo que leí en una revista hace mucho tiempo: usa mostaza en vez de mayonesa. Pero quiero hacerles dos advertencias en este punto: ojo con las salsas picantes que venden en los supermercados que están cargadas de sal, que te hacen retener líquidos y aumentar de peso. Y sobre el chile relleno, tiene que ser horneado, no frito ni bañado en huevos revueltos.

Aléjate de la comida

Este consejo es muy corto, sencillo y práctico: si estás en una fiesta, siéntate lo más lejos que puedas de la comida. Si te hallas cerca de la mesa donde están los pasabocas, sin darte cuenta terminarás comiendo de todos y en grandes cantidades. Por la misma razón, si te encuentras en un coctel, aléjate de la puerta por donde salen los meseros con sus bandejas llenas de canapés. En estos casos, permanece con una bebida sin calorías en la mano hasta que llegue la hora de la comida, y para ese momento te recomiendo que leas con cuidado el capítulo 12 de este libro.

Cero tentaciones nocturnas

Cada vez las personas se acuestan más tarde. ¿Será que es para ver a Enrique Gratas en su noticiero? Lo cierto es que los ataques a la nevera después de comer y antes de acostarse son muy frecuentes. Hay gente que antes de dormir se come un helado o unas galletas con chispitas de chocolate y luego se va directo a la cama. Éste es uno de los hábitos más dañinos para el organismo. Si quieres algo antes de acostarte, ¿por qué no intentas una bebida sin calorías que además te ayude a relajar y prepararte para el descanso o una porción de queso cottage, como lo recomienda mi entrenador, que incluso hace que quemes calorías mientras duermes?

Para finalizar, los 10 *no* de mi dieta son:

- No a la sal.
- No a los fritos.
- No a la mantequilla.
- No al azúcar.
- No al pan.
- No a la pasta.
- No al arroz.
- No a los postres.
- No a la vida sedentaria.
- No a los que se resisten a decir "Yo sí puedo bajar de peso".

TERCERA PARTE

CAPÍTULO 12

Alimentos clave que no deben faltar en tu compra

Cuando vamos al supermercado nos enfrentamos a una realidad: nos toca escoger entre lo que queremos y lo que necesitamos comer para llevar una vida sana; porque, seamos sinceros: ¿quién no cae en la tentación al ver en la estantería un paquete de galletas o unos chocolates? Además, a veces nos confundimos con mucha información sobre los alimentos y algunos nos proponen estilos de alimentación que rayan en los extremos. Algunos nos dicen sólo que debemos comer vegetales, otros sólo proteínas y hasta he escuchado decir que alguna gente sólo come ¡piña y atún!

En el momento en que compramos nuestros alimentos empieza el proceso de decidir con qué vamos a nutrir nuestro cuerpo; de ahí la importancia de este tema. Lo primero que quiero aconsejarles es que vayan el mercado después de haber comido, no antes; de esta forma nos comportamos más racionalmente y no nos dejamos llevar por los antojos. Los fines de semana, generalmente, algunas tiendas se ven inundadas de bellas señoritas que te ofrecen que pruebes la última torta de vainilla, la mermelada más deliciosa o el jugo de alguna fruta exótica que está muy de moda. Trata de alejarte y así ¡no caerás rendido ante sus provocaciones!

Lo mejor es llegar con un listado preparado de todo lo que necesitas y sólo compra lo que vayas a consumir. Empieza por los vegetales: pregunta cuáles son los de la temporada y escoge los más frescos y, si te alcanza tu presupuesto, escoge los orgánicos, que son más sanos. Es importante también que tengas en cuenta los alimentos producidos localmente, porque, como ya dije, así no sólo apoyas a los productores de tu región sino también contribuyes a ahorrar el combustible que se gasta con el transporte.

En cuanto a vegetales, te darás cuenta de que la variedad de colores y formas es impresionante y las posibilidades de preparación son infinitas. Entre este género, es importante resaltar algunos que son muy importantes para la salud: vegetales verdes como la espinaca y el brócoli, que están cargados con muchos anticancerígenos, así como los tomates. Estos últimos tienen un elemento que les da su color rojo, que, según los expertos, ayuda a combatir el cáncer y a promover la buena salud. La cebolla y el ajo también tienen muchas propiedades y se consideran un gran aliado para un buen funcionamiento del sistema circulatorio. La zanahoria y los otros vegetales que poseen una coloración parecida contienen caroteno, un pigmento que se convierte en vitamina A, fundamental para mantener un cabello y una piel saludable; también contribuye a una buena visión y protege contra el cáncer en la próstata.

Para disfrutar todos estos vegetales, no se necesita más que aceite de oliva y limón. Olvídense de las famosas salsas y aderezos que vienen preparados, porque están cargados de calorías y además te impiden disfrutar del verdadero sabor de los vegetales. Además, el aceite de oliva ayuda a bajar los niveles del colesterol malo y aumentar el bueno y, en su versión extra virgen, tiene la más alta concentración de antioxidantes y vitamina E.

Los granos y las nueces también son importantes. Granos como las lentejas y las arvejas son una gran fuente de energía vegetal y ricas en proteína, ácido fólico, calcio, potasio y antioxidantes. Sí, ya sé que están pensando que las nueces tienen muchas calorías, pero si se comen con moderación y crudas (es decir, sin tostar y sin sal), son otra gran fuente de energía. Las almendras y los pistachos son ricos en proteína y las semillas de calabaza, girasol y ajonjolí contribuyen al buen funcionamiento del corazón.

Mención aparte en este listado merecen las semillas de calabaza, algo que generalmente va directo a la basura. A petición de un periodista del *New York Times*, el autor de libros de alimentación Johnny Bowden hizo un listado de los 11 mejores alimentos que no comemos y al lado de la remolacha, el repollo, la canela, el jugo de toronja y las sardinas, estaban las semillas de calabaza. El doctor Bowden dice que estas semillas son la parte más nutritiva de la calabaza y vienen cargadas con magnesio, un mineral que disminuye el riesgo de muerte. Su recomendación es comerlas como merienda o sobre las ensaladas. Por experiencia propia les digo que son deliciosas encima de sopas de zanahoria, tomate y aguacate, además de dar a éstas una presentación muy agradable.

Las almendras también son ricas en Omega-3, un tipo de grasa que es bueno para el organismo porque reduce el riesgo de enfermedades cardiacas y de cáncer, contribuye a tener una piel y un cabello saludables e incluso combate la depresión, uno de los males de nuestro tiempo. Como nuestro cuerpo no lo produce, nos toca consumirlo de los alimentos. Además de las almendras, también lo encontramos en pescados de agua fría, como el salmón.

Pasemos ahora a las frutas y me imagino que se están acordando de mi dieta de jugos de frutas, que produjo los resultados contrarios. Hay dos tipos de fruta que quiero recomendarles y que no deben faltar en una dieta sana: el primero es el de los cítricos y la reina de esta categoría es la toronja. Los cítricos ayudan a bajar la producción de colesterol y previenen que las arterias se bloqueen con la grasa; además, por estar cargadas de fibra soluble, ayudan a mantener en control los niveles de colesterol y azúcar en la sangre, contribuyendo al manejo del peso.

Por otro lado, encontramos una familia de frutas muy variada: la compuesta por las fresas, moras, zarzamoras y todas sus análogas. Cuando están frescas, son ricas en agua y bajas en calorías; además, tienen vitaminas y fibra, ayudan a mantener una buena memoria y son una gran fuente de antioxidantes. Me imagino que ya han oído hablar de ellos; si no, tomen nota: los antioxidantes son compuestos que protegen a nuestro cuerpo de las preocupaciones de cada día causadas por el estrés, así como ayudan a prevenir las enfermedades causadas por el envejecimiento; por si fuera poco, son una especie de escudo de protección contra el cáncer.

Ahora le llegó el turno a un polémico alimento que divide opiniones. Bueno, no son tan polémicas como algunas de las historias que me ha tocado presentar en televisión. Hablemos de la carne —aquí incluyo la de res, el cordero, el cerdo, el pollo y el pavo—, un alimento rico en proteínas y que debe formar parte de cualquier dieta porque es fundamental para tener unos huesos y unos músculos sanos, así como para la producción de enzimas y hormonas que son importantes para nuestro organismo. Las carnes contribuyen a que nuestro sistema inmunológico funcione en forma adecuada, además de ser una fuente de minerales como el hierro, el calcio, el zinc y el selenio; sin embargo, es un alimento que hay que comer con moderación. ¿Recuerdan cómo me sentía en Madrid cuando comía esas grandes cantidades de carne? Deben escogerse cortes que no tengan grasa y, en el caso del pollo, comerlo sin piel. Al momento de la preparación, son recomendables las opciones asadas y no las fritas y mucho menos las recetas que llevan salsas saturadas de grasa. Aunque durante la época del reinado de la dieta del doctor Atkins estuvo de moda perder peso sólo comiendo grandes cantidades de carne, esto no es recomendable. Recuerden: hay que comer en forma balanceada y en las porciones correctas.

Yo, por mi parte, prefiero el pescado, que es una gran fuente de proteína, siendo bajo en grasas saturadas. Es rico en Omega-3, del cual ya vimos todos los beneficios. Hay muchas formas de preparar el pescado, desde crudo (como el ceviche, el sashimi y el carpaccio) hasta cientos de formas de preparación. Cada país tiene una receta especial para el pescado, pero, al igual que la carne, prefieran el pescado asado o hervido al frito y no se dejen tentar por las salsas pesadas, que tienen grandes cantidades de grasa y harina.

En cuanto a productos lácteos, prefiero los que tienen bajo contenido de grasa. La leche de soya también es una buena alternativa, pero si no les gusta el sabor les recomiendo la de almendras, que es una gran fuente de proteínas. Y no nos olvidemos de los huevos: si quiero comer una tortilla o una *omelet* con verduras, pido que me la preparen sólo con claras, evitando el colesterol de la yema.

Seguramente están pensando en qué pasa cuando vamos con el carrito del mercado y vemos esos deliciosos postres y helados en los refrigeradores. Hay dos postres de buen sabor y bajos en calorías que se convirtieron en mis aliados incondicionales en este proceso y de los cuales ya les he hablado: las gelatinas y los pudines de chocolate y vainilla, con una consistencia muy rica que te hará olvidar ese antojo de torta de chocolate o del flan de leche.

CAPÍTULO 13

Consejos prácticos para cuando viajas y sales a restaurantes

El lector sabe que salgo a comer casi todas las noches y que viajo mucho; por eso, mantener una dieta saludable para mí es más difícil. Cada noche se convierte en un nuevo reto para mantenerme en mi peso. Como les contaba en la primera parte, parece que mi estilo de vida siempre se ha vuelto en la más peligrosa arma contra mi dieta. Pero últimamente he descubierto algunos consejos que me han ayudado a mantenerme y que quiero compartir contigo.

Recomiendo que empieces por hacer un listado de los restaurantes de tu ciudad donde haya una variedad de platos que te permitan hacer tu dieta y recomiéndaselos a tus amigos. Ahora puedes encontrar los menús de muchos restaurantes en internet y revisar por anticipado lo que puedes comer y lo que no. Así, llegarás al restaurante con una idea clara de lo que tienen y de lo que quieres; sin embargo, escucha los especiales del día, generalmente preparados con los productos de la temporada, dentro de los cuales de seguro podrás encontrar una buena alternativa. También puedes aplicar la estrategia del listado de restaurantes y la revisión del menú por internet para cuando pidas a domicilio.

Antes de salir a comer a un restaurante, toma un vaso de agua, almendras, o un queso bajo en calorías que hacen que no llegues hambriento al restaurante y dispuesto a comerte lo primero que te sirvan. Además, así llegas con el estómago lleno y no serás víctima de la ansiedad; además, siempre trato de caminar o subir escaleras y no tomar el ascensor que conecta generalmente al parqueadero con el restaurante. Otro consejo clave es que si sé que voy a comer fuera de casa, lo hago a la hora del almuerzo y no por la noche. Además sigo comiendo cada tres horas.

Evita el vino y los cocteles porque muchos de estos últimos camuflan en su seductora presencia muchas calorías. Un buen vaso de agua puede ser el mejor acompañante de cualquier plato. Dile al mesero que no te traiga pan y, si te lo trae, pídele cortésmente que retire la canasta. Lo que pasa es que si te lo ponen en la mesa, vas a comértelo, así que di "no" antes que te lo sirvan y ese olor a pan recién tostado te haga "flaquear" o más bien "engordar". También quiero aclarar que, si vas con amigos y ellos no quieren ser solidarios contigo y desean comer pan, que se sienten en otra mesa. Bueno, reconozco que estoy exagerando un poco, más cuando sabemos lo difícil que a veces es conseguir una buena mesa, pero por mi experiencia sé que, si tus amigos lo piden, tú también terminarás probándolo.

Adviérteles desde el comienzo a quienes te atiendan que quieres que tu comida sea preparada sin sal. La sal, aunque da un sabor muy especial a las comidas, produce retención de líquidos y también está relacionada con problemas en la presión arterial. Tranquilo, que no serás el único que hace este tipo de solicitudes. Ellos ya están acostumbrados.

Generalmente, cuando salgo a comer pido de entrada un ceviche de pescado y una sopa que no tenga crema ni ningún tipo de carbohidrato, como papa. Luego, pido un pescado con vegetales. Ya sé que es difícil lo que voy a decirte. También son mi debilidad pero, al momento del postre, pide un té, preferiblemente té verde o de manzanilla, que tienen propiedades digestivas y medicinales. Pero si no resisto la tentación, como una o máxima dos cucharadas, pero no más. Si puedes resistir la tentación será mucho mejor; pero seamos realistas: ¿quién no se deja seducir por un provocativo flan de leche o un apetitoso pudín de pan? Entonces, en esos casos, una cucharada o máximo dos serán suficientes para combatir tal antojo.

Para tranquilidad nuestra, cada vez es más frecuente que los menús tengan platos bajos en calorías, pero si no es el caso, seguramente conseguirás dentro del menú unas buenas alternativas. Ahora voy a hacerte unas recomendaciones, teniendo en cuenta el tipo de restaurante que piensas visitar. En los restaurantes conocidos como de cocina internacional, te recomiendo que pidas de entrada una ensalada aderezada con aceite de oliva o limón o una sopa sin crema. Para el plato fuerte, puedes escoger entre pollo, carne o pescado asado o al vapor, acompañado de vegetales.

Si vas a un restaurante italiano, evita las pastas. La cocina de Italia es tan rica y variada que seguramente encontrarás más alternativas como la *insalata caprese* o los mismos *carpaccios*. En los restaurantes franceses evita las salsas muy pesadas y las papas fritas. Si estás en un restaurante chino, puedes pedir platos de vegetales conocidos como chop suey o si estás en uno japonés, los sashimis son una buena alternativa.

Pasemos a la deliciosa cocina latinoamericana. Aprovecha los restaurantes peruanos que ahora están tan de moda con sus famosos ceviches, perfectos para cualquier dieta. Ahora es muy común en los restaurantes mexicanos que incluyan en el menú una quesadilla light preparada en una tortilla integral, carne magra y queso bajo en grasa.

Las pizzerías generalmente ofrecen el mayor problema, aunque cada vez es más usual que incluyan ensaladas den-

Marzo de 2008. Después de la dieta, en Chicago.

tro del menú. Si es posible, pide que te la preparen en masa delgada y con harina integral. En caso de que no sea posible, trata de comer solamente una porción de pizza y prefiere las que tengan vegetales. Las de salami y pepperoni son muy ricas en sabor pero también en calorías.

Cuando viajas, la tentación empieza con la comida del avión, si es que te la ofrecen porque cada vez se está volviendo más un lujo que un servicio. Trata de no comer ningún carbohidrato que te ofrezcan. Lleva a la mano una bolsa de almendras sin sal y sin tostar, por si te da hambre, y evita las bebidas sodas y las alcohólicas.

Parte del atractivo de hacer un viaje, sobre todo a un sitio desconocido, es disfrutar de la comida del lugar, la cual de pronto no tendrás la oportunidad de probar de nuevo; sin embargo, actúa con moderación: escoge alimentos ricos en proteína y muchos vegetales. Todas las cocinas del mundo los tienen. Durante el viaje camina mucho y nada en el mar o en la piscina del hotel; así lograrás perder esas calorías de más. Y, por supuesto, toma mucho agua: te sentirás lleno y mantendrás hidratada tu piel cuando más lo necesitas.

El verdadero atentado a las dietas se produce cuando te ofrecen comer en un formato que puede ser una palabra mágica o maldita llamada *buffet*, generalmente una selección de distintos alimentos dispuestos para que te sirvas uno o algunos de ellos, pero no todo. Un desayuno tipo *buffet* incluye *pancakes*, tostadas francesas, *omelettes*, *muffins*, quesos, frutas, jugos y una gran variedad de panes. Yo también pasaba por la mesa del *buffet* y probaba todo lo que se servía; al final terminas consumiendo en una sola comida las calorías de todo el día y mucho más. Esto no es un atentado sólo contra la dieta sino también contra tu salud; así, actúa con moderación. Seguramente encontrarás quesos sin mucha grasa y te pueden preparar un rico *omelet* de vegetales solo con claras.

Llegó el momento de hablar de los restaurantes de comidas rápidas. Tengo que empezar por reconocer que estos establecimientos han hecho un gran esfuerzo por incorporar alternativas sanas a su menú. De mis épocas de fotógrafo de Associated Press a hoy, muchas cosas han cambiado. ¿Quién se iba a imaginar ensaladas en *McDonald's*, *Burger King* o *Wendy's*?; además, estos restaurantes tienen a disposición del cliente una tabla con la información nutricional de cada plato y sus calorías. Sin embargo, al lado de platos sanos como las ensaladas, siguen estando las hamburguesas dobles con queso, las papitas fritas en bolsas gigantescas y las malteadas de helado, una combinación que excede el número de calorías que una persona promedio requiere diariamente. Estos lugares se han convertido además, por obvias razones, en favoritos de los niños; por eso, es importante que eduquemos a nuestros hijos sobre los principios de una alimentación sana. Más adelante volveré a tratar este tema, pero por el momento quiero decirles que más vale un "happy life" que un "happy meal".

Otra situación con la que puedes enfrentarte muy a menudo es aquella en la cual te invitan a cenar en la casa de alguien. Conozco personas que están a dieta y llevan su propia comida, así como a otras que llegan y no comen nada de lo que les sirven. Estos dos casos son exagerados y no tienen que ocurrir. Lo ideal cuando se presenta esta situación es llamar al anfitrión por anticipado y contarle que estás a dieta. Seguramente no tendrá que hacer un gran esfuerzo para acomodar un menú que los otros invitados también puedan disfrutar al máximo.

Qué decir cuando te invitan a una cena familiar, llena de esos platos y recetas, aromas y sabores que te traen tantos recuerdos que revuelven el inconsciente. En el caso de los latinos, la situación tiene un doble agravante: primero porque nuestra cocina tiene un alto contenido calórico y está fundamentada básicamente en los carbohidratos y, por otro lado, en nuestra cultura ofrecerte comida es una forma de expresarte cariño. Eso pasa normalmente en Estados Unidos en el Día de Acción de Gracias y Navidad, cuando las culturas latinoamericana y anglosajona se han fundido en una mezcla gastronómica de pavo y lechón con variedad de acompañamientos. Un entrenador me decía una vez que la gente puede engordar ese día lo que han adelgazado todo el año. Mi entrenador puede estar exagerando, pero eso no nos soluciona el problema. Entonces, ¿qué hacer?

La respuesta es ser selectivo y comer lo que puedes. Evita los fritos, los apanados, todo lo que tenga harina y, por supuesto, los postres. Y claro, coméntales que estás a dieta, que quisieras disfrutar cada uno de esos platillos como lo hacías antes, pero que en esta oportunidad no vas a poder. Así, eres al mismo tiempo cortés y valiente.

Primer viaje con mi futura esposa, cuando éramos novios,
en el verano de 1992. Al fondo, las pirámides de Giza, en Egipto.

En el mercado de camellos, en El Cairo.

En la montaña Fuji, en las afueras de Tokio, en Japón.

Con Mily en San Petersburgo, Rusia. Cuando estaba gordo, acostumbraba a ponerme detrás de Mily en las fotos, para disimular un poco.

Con el conocido fotógrafo de celebridades Philip Ramey
durante una degustación de comida china en Monterey Park,
en California. Esas comilonas quedaron en el pasado.

Aunque no lo crean, con más de 350 libras pude subirme a un puente
en Sidney para tener el mejor ángulo de la ópera, aunque no era
mi mejor ángulo. Esto es como subirte al Golden Gate de San Francisco.

Con Shakira y Lili en *El Gordo y la Flaca*.

Hace cinco años, Mía pensaba que jugaba en la arena con un manatí que había salido del mar.

En el Mandarín Oriental de Honolulu, hace unos años,
tomando una verdadera bomba contra la dieta: ¡una piña colada!

Mi primer viaje después de la operación de riñón
y el primer viaje de Mía a Hawaii.

Con la bella y simpática Aracely Arámbula en Disneyland,
antes de convertirse en la princesa de Luis Miguel.

No tengan miedo que no soy yo. Es Fat Albert, quien se presentaba en un circo de las Bahamas como el hombre más gordo del mundo. Volando a Miami, necesitaba tres asientos.

En Nueva Zelanda, con una langosta gigantesca antes de comérmela. Adiós langosta a la *thermidor*, ahora la hervida es la única opción.

Durante la llegada del año nuevo en Nueva York, en 2002.

En 2004, cocinando con el chef Phillip Ruiz en el Hotel Biltmore de Coral Gables.

Bastante redondo en Soweto, Sudáfrica.

Con la tribu de masais en Tanzania, en septiembre de 2005.

En El Bulli, el mejor restaurante del mundo. Éste parece light,
¡pero fue sólo uno de los 34 platos que me enviaron!

En Laos, dándole de comer a los monjes, en marzo de 2007,
meses antes de empezar la dieta.

En Venecia y siguiendo con mi truco, tapándome con Mía mis 350 libras.

Junio de 2007. En Murano, Italia, con mi hija Mía,
días antes de comenzar la dieta.

En el Castillo de Windsor, en Inglaterra; cuando vi esta foto
decidí hacer la dieta. Si me hubiera visto la reina Isabel
desde la ventana, pensaría que se trataba de King Kong
pero con lentes de sol.

La Muralla China ya no temblaba tanto, cuando la visité con 100 libras menos, 14 años después.

En la Plaza de Tiananmen, en Beijing, China. Arriba, con 374 libras, en noviembre de 1994. Abajo, con más de 100 libras menos, en abril de 2008.

Caminando en las calles de China. La última vez que había estado
en Beijing había sido hace 14 años y 100 libras de más.

En febrero de 2008 aparecí en la portada de *People en Español*, rápidamente se convirtió en una de las más vendidas en la historia de la revista.

Comiendo proteína durante del South Beach Food and Wine Festival,
en febrero de 2008.

Durante la dieta, en septiembre de 2007, en Punta Mita, México.
Tranquilos, el bocado fue sólo para la foto.

Vestido de Santa y con casi 58 libras de menos,
en la Navidad de 2007, en Miami.

En familia, en medio de la naturaleza,
disfrutando de las bellezas de Hawaii. Agosto de 2008.

Sumergido en las profundidades del mar en Hawaii,
en agosto de 2008.

Luciendo casi tan "flaco" como Lili en mayo de 2008, en Nueva York.
Tenía casi 70 libras de menos.

CAPÍTULO 14

Consideraciones acerca de una nueva apariencia.
¿Y la ropa, qué? Cuándo comprar ropa nueva

Una de las sensaciones más placenteras es aquella en la cual sientes que la ropa que usabas antes te queda ancha y que prendas que no te habías puesto en mucho tiempo te quedan bien. Una de mis grandes satisfacciones cuando empecé a perder peso fue llegar a una tienda normal y encontrar ropa de mi talla que me quedaba bien, sin tener que ir a tiendas para gordos. ¡Y eso que en muchas tiendas por departamentos en Estados Unidos se encuentran tallas hasta XXL! El hecho de que la ropa que sirve a los demás te sirva a ti es una gran satisfacción. Es una especie de bienvenida al mundo de la gente supuestamente "normal", un club al que tus libras de más no te permitían entrar.

Cuando estás frente al espejo y ves la distancia entre el cierre del pantalón y tu cintura, sientes que la misión está cumplida y que tus esfuerzos fueron compensados. En ese momento, muchos salen a comprar ropa nueva o a arreglar la que tienen, pero ésta no es la decisión correcta. Hay que esperar cumplir nuestra meta de pérdida de peso y estabilizarnos. Si vamos a seguir perdiendo peso, esa ropa también va a quedarnos grande dentro de poco.

La nueva talla es el resultado de un proceso; por tanto, debemos esperar terminar este proceso antes. No hay que anticiparse, por mucho que queramos vernos mejor. Esto no indica que, si tenemos una ocasión especial y queremos lucir nuestra nueva figura, no lo hagamos, pero ésta debe ser la excepción y no la regla. Me acuerdo cuando fuimos a Las Vegas a la entrega de los Latin Grammy, cuando era evidente que había perdido bastantes libras. Encargué para esa ocasión un traje más ajustado que ponía en evidencia que había perdido volumen y que mi silueta estaba más delgada. Creo que la ocasión lo ameritaba y no me arrepiento, pero dos meses después ya me quedaba grande y me tocó enviarlo a un sastre para que me lo arreglara.

Para reforzar el punto anterior, quiero contarles lo siguiente: cuando comencé a perder peso (ya tenía 40 libras menos), me di cuenta de que tenía que cambiar la ropa. Pero mucha de esa ropa había sido hecha a la medida, porque, como les conté, en las tiendas "normales" no se encuentran tallas para personas con sobrepeso. Entonces me puse en contacto con un sastre que me dijo que iba a arreglarla. Vino a mi casa, me la midió, tomó sus puntadas y sus apuntes y prometió volver en cierto tiempo. Cuando me las trajo, ya había perdido 10 libras más.

Arreglar la ropa es algo que puedes hacer al principio, pero no funciona. Cuando pierdes tal cantidad de peso, por muy bueno que sea el trabajo del sastre, nunca te va a quedar bien. Llegué a gastar 6 000 dólares en arreglos que no sirvieron para nada sino que ello fue un desastre. Donde más notas la pérdida de peso es en los pantalones, y en las camisas no tanto. Cuando me trajo los pantalones arreglados, me quedaban bien de cintura pero anchos a los lados: se veían deformes. Y los sacos se veían muy bien cuando estaban cerrados y abotonados pero, al subir los brazos, las mangas me llegaban a los codos. Me arrepiento de no haber invertido ese dinero en comprar ropa nueva. Si pierdes más de 40 libras, no arregles tu ropa sino dónala, regálasela a alguien que la necesite y compra ropa nueva, si puedes.

Otro consejo para cuando compres ropa nueva es comprarla apretada. Cuanto más apretada esté, más motivado te hallarás para seguir perdiendo peso.

En el caso de los hombres, también nos damos cuenta de la pérdida de peso cuando los orificios de nuestros cinturones se vuelven insuficientes. No se vayan a apresurar a abrirle más huecos: lo más conveniente es hacerle los cortes al lado de la hebilla; de esa forma se va ajustando a medida que se pierda de peso sin alterar el diseño o el material de este accesorio. No se extrañen tampoco si los zapatos empiezan a quedarles un poco flojos, lo cual es normal. Al estar el cuerpo menos hinchado, muchas veces producto de la retención de líquidos, el pie disminuye un poco su volumen. Pero no salgan a la calle a tirar todos sus zapatos, sino que una sencilla plantilla puede solucionar ese problema en un dos por tres. ¡Y, para nuestra fortuna, las corbatas, los calcetines y las bufandas no cambian de talla y te siguen sirviendo!

Ser más delgado también te permite ponerte prendas que antes era imposible. Siempre había soñado con un *dinner jacket*, ese saco blanco de gala que se usa en ocasiones especiales y que es una de las prendas favoritas de James Bond. Bueno, les cuento que celebré la pérdida de 70 libras enviando a hacer esa prenda a Hipólito; cuando me la trajo y vi cómo me quedaba, no podía ocultar la felicidad. Pero no hay que caer en los extremos y pensar que nos podemos poner de todo.

He conocido personas, tanto hombres como mujeres, que adelgazan y, sin llegar a tener una figura atlética, salen a comprar ropa más ajustada o, ¿por qué no decirlo?, apretada. ¡Y ni qué decir de los recién "flacos" que coquetean con el exhibicionismo! Si quieres mostrar y sentirte orgulloso de tu nueva figura, esta estrategia es la menos adecuada. Si la pérdida de peso no va acompañada de un régimen de ejercicio, lo más probable es que el cuerpo luzca fláccido y este tipo de ropa apretada sólo se encarga de acentuar la flaccidez.

Pero no hay que irse al otro extremo. Cuando lleguemos a nuestra meta, es recomendable que no nos coloquemos ropa muy ancha. ¡Es simplemente un mecanismo de autocontrol! Por ejemplo, si el sobrepeso se concentraba en la región abdominal y después de perderlo utilizas ese tipo de pantalones que se llevan un poco a la cadera, no te vas a dar cuenta si el abdomen está volviendo a crecer.

Por eso recomiendo que cuando lleguemos a nuestra talla y peso ideal, si utilizamos prendas de esa talla y no de otra más grande, nos daremos cuenta en forma inmediata si hemos subido de peso. Así, podremos ejecutar inmediata y más rigurosamente nuestro plan de mantenimiento para conservar la talla que tanto nos costó llegar.

Quiero decirles algo en este punto y de lo que seguramente ya se han dado cuenta: siempre he sido feliz y nunca me he sentido acomplejado por mi peso. Por el contrario, siento que ser "gordo" es parte de mi personalidad privada y profesional e incluso creo que me ha abierto puertas. Pero ustedes se han dado cuenta de que desde pequeño estaba consciente de que esto era un problema y, aunque a veces no sabía exactamente cómo atacarlo, sí sabía que tarde o temprano tenía que enfrentarlo. Y ese momento llegó con la operación del riñón.

Creo que todos necesitamos una motivación para tomar estas decisiones drásticas en nuestro estilo de vida. La mía fue ésta; sin embargo, al perder peso por salud, me di cuenta de que me sentía como nunca, que dormía en forma más placentera, que respiraba mejor y que, cuando me veía en el espejo o en la pantalla del televisor, me sentía mejor. No es vanidad sino simplemente autoestima. Por tanto, no hay que tener pena o vergüenza en reconocer que el ánimo de verse mejor también es una motivación para perder peso. Perder peso y mantenerse es una oportunidad para cambiar nuestro estilo de vida hacia uno más sano, pero también una oportunidad para sentirse mejor con uno mismo. Y la gente que está alrededor tuyo se puede dar cuenta de ese cambio benéfico.

Para finalizar este capítulo, hay otro detalle sobre el que quiero llamar la atención: cuando bajan de peso, muchas personas aprovechan para cambiar su *look*. Ello está bien, siempre es bueno refrescar un poco nuestra imagen, sobre todo si eso refuerza la autoestima. Pero hay personas que con la pérdida de peso pierden también su personalidad, para bien o para mal. Si la persona, después de que pierde peso, se siente más segura de sí misma y quiere llevarse al mundo por delante, está bien. Si la persona que antes estaba malhumorada y deprimida ahora es feliz y radiante, mucho mejor. Pero si al perder peso la persona vive amargada o, como ocurre en muchos casos, asume un comportamiento soberbio, algo no anda bien. Y en esos casos, la ayuda de un profesional no está de más.

CAPÍTULO 15

La importancia de un cómplice en esta aventura

Perder peso es toda una aventura que, como hemos visto, trae muchas recompensas, empezando por una buena salud. Y como en toda buena aventura, necesitas un cómplice. Yo encontré mi cómplice en Mily, quien me acompañó durante este proceso, me dio ánimos cuando lo necesitaba y se las ingeniaba para que todo fuera más fácil.

Ella, como siempre comprensiva y apoyándome en todo, estaba pendiente de mi comida, de que llevara los *snacks* para Univisión y que ordenara lo que me tocaba en los restaurantes. Mi esposa también se sumó a mi dieta y ahora luce mejor que nunca. Mi hija Mía también sabía que su papá estaba en dieta, por eso no me pedía que la llevara a comer pizza o helados, que sabía que me fascinan.

Es importante que tu familia y tus amigos se involucren porque te darás cuenta de que ésta no es una decisión personal. En la medida en que más personas sepan que estás a dieta, mucho más fácil será lograr la meta. Ellos sabrán que por mucho que te guste, el día que lleguen de visita no te llevarán un flan de leche y caramelo. O si te invitan a su casa, prepararán un pescado asado con ensalada y no exhi-

Abril de 2008.
Después de la dieta, con 70 libras menos, en Shanghai, China.

birán en la mesa la variedad de postres y dulces a los que nos tienen acostumbrados.

Quiero contarles algo: las personas que ven el programa y que conocen mi pasión por la comida, antes me acostumbraban a mandar comidas típicas de sus países, generalmente dulces. Era usual que al programa llegaran pastelitos de guayaba de Cuba o dulce de leche de Argentina. A veces también nos enviaban croquetas. Desde que empecé la dieta, dejaron de tentarme y más bien empezaron a enviarme consejos para perder peso: que tomara mucho té verde, que el limón en ayunas es bueno, que la berenjena ayuda a bajar rápidamente, que el melón ayuda al mantenimiento de peso; por estos y otros consejos, que no se si funcionan o no, les estoy agradecido. Así como estoy agradecido con los meseros y *maîtres* de los restaurantes que más frecuento y que siempre estuvieron dispuestos a complacerme, preparándome la comida como se las pedía y sin ofrecerme al final los postres que tanto me gustan o no insistiéndome en que probara la pasta del día o una salsa muy cremosa.

Por otro lado te darás cuenta cómo es muy estimulante cuando tu familia y tus amigos te empiezan a decir cómo luces de bien. Ellos te darán el soporte emocional que es uno de los elementos más importantes para salir triunfador de esta prueba. Habrá gente que se sorprenderá cuando te vea delgado y te preguntará si estás enfermo. A mí me pasó, más sabiendo que venía de un cáncer. Esto pasa aún más frecuentemente en nuestra cultura latina, donde se tiene la impresión de que las personas sanas son las que están más "llenitas" o, como dicen las abuelas, más "repuestas". Aprovecha entonces esta oportunidad para hablarles sobre tu nuevo estilo de vida.

Para seguir el régimen de ejercicio con mucha disciplina también es importante contar con un cómplice. En mi caso, mis entrenadores siempre han jugado ese papel, estimulándome a aprender a respirar, a realizar los estiramientos en forma correcta, a no perder ninguna sesión, a no contar mal las repeticiones y a mejorar cada día. Sin ellos hubiera sido imposible lograr perder peso en forma tan rápida y consistente. Por eso te recomiendo que convenzas a tu esposo o esposa, mejor amigo o amiga, para que sea tu compañero inseparable de ejercicios.

Conozco el caso de familias completas que buscan cambiar su estilo de vida y empiezan a comer sano y balanceado. ¡Qué buen ejemplo! Como también conozco otras que, para apoyar a alguien de la familia que empieza una dieta, todos se suman a ella. Eso es lo que yo llamo un buen grupo de apoyo, y si éstos existen para ayudar a los adictos a las drogas y el alcohol o a los enfermos de cáncer, por qué no pueden existir grupos de apoyo para los que sufren de obesidad, una verdadera epidemia del siglo XXI que afecta la calidad de vida y la productividad de las personas.

CAPÍTULO 16

Los niños y la obesidad

Yo fui un niño gordo y sé lo que eso implica. Disfrutaba la comida al máximo y era totalmente consciente de que tenía que perder peso, pero hacía mis propias trampas mentales. ¿Se acuerdan cuando pensaba que la tarta de manzana no debía engordar tanto porque era fruta? Desde pequeño sabía lo que era hacer una dieta, restringir los tipos de alimentos y tener que visitar un médico que te pasaba a la balanza semana tras semana.

Los hábitos que desarrollé desde niño y las libras de más que me acompañan desde entonces me han llevado a reconocer la importancia que tiene la alimentación en los niños y estoy totalmente convencido que de comer sano y vivir sano debe ser parte de su educación, tanto en la casa como en la escuela. Si los niños aprenden a comer sano y balanceado y ven a sus padres desarrollar un estilo de vida saludable, parte de la batalla de la obesidad en el futuro ya está ganada.

Las madres, entre ellas la mía, siempre acostumbran decir, cuando tienen un hijo gordo, que tranquilos que cuando se estire pierde esas libras de más. Eso no es correcto. La mayoría de los niños gordos se convierten en jóvenes gordos y en adultos gordos. Yo soy una prueba de ello. Por tanto, es importante que las familias conozcan más de estos temas y así prevenir que la obesidad se siga esparciendo como epidemia entre nuestros niños. No quiero que le pase a Mía lo mismo que me pasó a mí desde pequeño. Yo, que siempre he sido gordo, ahora mucho menos que antes, soy el más consciente de la importancia de la alimentación en los niños. No me da pena confesar que, cuando niño, me comía una torta entera, simplemente, vivía para comer.

Mily y yo siempre buscamos que Mía aprenda a comer sano, incluso antes de mi dieta. Si existe una predisposición genética hacia la obesidad, los buenos hábitos alimenticios aprendidos desde niños se convierten en el mejor antídoto para esta epidemia. Y eso es lo que queremos con Mía; ella sabe que nada esta prohibido, que hay comidas que son sanas y otras que no; por tanto, hay que consumirlas con moderación. Si los niños se acostumbran a comer sano y balanceado desde pequeños, la lucha contra la obesidad está ganada.

Yo le digo a Mía: "Durante toda mi vida he tratado de batallar con mi peso. Finalmente lo estoy logrando después de muchísimos años. Yo no quiero que esto te pase a ti". Algunas personas dicen que hablarles a los niños sobre una alimentación es peligroso porque puede desencadenar una anorexia, pero creo que, de una forma u otra, nuestra responsabilidad como padres es darles a los hijos las herramientas básicas para defenderse en la vida, y los consejos para llevar una vida sana y saludable a través de la alimentación y el ejercicio es una de ellas.

Por tratarse de un tema de educación, empecemos por explicarles a nuestros niños los distintos tipos de alimentos y sus beneficios, busquemos formas creativas de hacerlo y no simplemente a través de clases formales de nutrición porque ya ese deber le corresponde a sus maestros. Cuando nos acompañen al supermercado o a un restaurante, les debemos explicar por qué estamos comiendo esto y no aquello, y si empezamos una dieta, debemos compartir con ellos nuestras razones, motivos y, por supuesto, nuestro plan. Ellos también serán nuestros aliados.

Esa educación debe ser complementada desde la escuela, pero desafortunadamente la misma administración de los centros educativos y sus cafeterías no dan el ejemplo. El pasado mes de junio vi en una revista *Time* una fotografía a doble página de un almuerzo típico en una cafetería de un centro educativo de Estados Unidos; se llama "almuerzo estilo mexicano" y por lo que decía la revista era muy popular. Y a pesar de que me sentí orgulloso de la incorporación de elementos latinos, parte de nuestra gastronomía y nuestra tradición, quedé un poco en shock con la información nutricional. Esta combinación no es sólo una alerta para los niños y las escuelas, sino para muchas familias latinas.

De izquierda a derecha, siguiendo las manecillas del reloj, la bandeja plástica tenía arroz mexicano, frijoles refritos, jugo de naranja, salsa, nachos con carne, dos galletas con *chips* de chocolate y cuatro pedazos de melocotones de los que vienen en lata con almíbar. Las calorías de este plato: ¡1.173! Es decir, casi 50% de las calorías que debemos consumir durante un día. Además, el plato trae 2.064 mg de sodio, 92% del requerimiento diario y 45.4 g de grasa, 61% de lo que debemos consumir en un día. ¡Todo esto en un solo plato!

Afortunadamente, muchas escuelas y colegios están tomando medidas para ofrecer alternativas más nutritivas para los niños; las misma revista incluye en la página siguiente una alternativa deliciosa con un *wrap* de pavo que tiene menos de 700 calorías. Y si queremos seguir con la alternativa mexicana, ¿por qué no cambiar esos nachos por un burrito *light* como le gusta a Salma Hayek, sin arroz, con queso sin grasa, vegetales y tortilla integral?

El otro problema es que los niños quieren comer todo lo que ven en los comerciales de televisión o en los programas. Yo le he enseñado a Mía que tiene que tener cuidado con lo que come. A ella, como a todos los niños, le gustan los *chicken fingers* y las papitas fritas. Entonces, hemos hecho un compromiso: los puede comer una o dos veces por semana pero no los puede comer todos los días. Lo mismo respecto de las hamburguesas, pero con una condición adicional: sin pan y la porción de papas fritas tiene que reducirse a la mitad.

Una de las cosas que más engorda a los niños son los jugos y los refrescos con alto contenido de azúcar que, paradójicamente, hacen especialmente para niños. En el caso del jugo de naranja, que es una fuente de vitamina C, lo mejor es tomarlo en las mañanas y en un vaso de menos de ocho onzas que, si no lo sabían, tiene 120 calorías. Aprendan a que sus niños tomen agua, no saben cuántos problemas se evitarán en el futuro. Y claro, Mía come dulces y helados pero con moderación. Está bien un helado un fin de semana, pero no todos los días. No me van a creer, pero a Mía le gusta mucho *Subway* porque ella misma dice que es una alternativa saludable. Entonces ordena su sándwich en pan integral con pavo y verduras y nos dice que sus papitas son horneadas y no fritas. Esto demuestra que Mía ha aprendido su lección.

También la hemos estimulado a que tenga una vida activa y haga ejercicio. A ella le fascina nadar, caminar, saltar y jugar tenis y eso ha sido una gran bendición para nosotros. Todos estos compromisos y consejos le han permitido a mi hija tener un peso apropiado para su edad y muy buena salud a sus ocho años.

Otro punto sobre el que quiero llamar la atención es sobre los padres que premiamos a nuestros hijos con comida: Si se portan bien, los llevamos a comer pizza o helado. Sin quererlo, de esta forma le damos a entender que estos alimentos llenos de calorías son una recompensa, un trofeo a su buen comportamiento, compañerismo y buenas notas. Por el contrario, si se portan mal, ¡se quedan en casa y comen carne y ensalada! También es común que castiguemos a nuestros niños, porque se han portado mal, prohibiéndoles las golosinas. O sea, si se portan bien, les damos cosas que hacen daño no sólo a su dentadura, sino a su salud.

En estos ejemplos muy cotidianos queda claro que los papás, sin quererlo, estamos transmitiendo un mensaje totalmente confuso pero, sobre todo, equivocado. Los invito, entonces, a que cambiamos las reglas de juego y premiemos a nuestros hijos con comida sana. Y más bien les demos otros tipos de recompensa por comer alimentos nutritivos y aprender que la comida es parte de un estilo de vida sano. El premio es el libro que tanto quieren, llevarlos a la película que quieren ver o llevarlos al viaje que tanto han soñado.

No seamos mentirosos, todos necesitamos estímulos para alcanzar nuestras metas. Entonces resulta paradójico que alimentos dañinos se conviertan en estímulos y que, por comer saludable, nuestros niños no reciban ninguno e incluso llegando a casos donde la comida sana puede ser interpretada como castigo. Entonces, empecemos esta revolución de estímulos y recompensas que más adelante no sólo nos agradecerán sino que seguramente ellos también aplicarán a sus hijos.

CAPÍTULO 17

Unas palabras de parte de Mily

Cuando mi esposo me invitó a escribir un capítulo para su libro acerca de su pérdida de peso y mi papel en esto, pensé: ¿qué voy a decir si no soy una escritora? Lo que sí puedo compartir con ustedes es mi experiencia durante todo este proceso. Quiero empezar diciéndoles que el peso de Raúl nunca ha sido un problema para mí. En el momento en que lo conocí y después, cuando nos casamos, pesaba 100 libras más de lo que pesa hoy. Por otro lado, quiero contarles que Raúl nunca se ha sentido apenado por su apariencia. A pesar de su sobrepeso, siempre ha tenido mucho cuidado en lo que se pone y su peso nunca ha sido impedimento para realizar sus actividades diarias y mucho más. Ustedes lo han visto colgado de un helicóptero, escalando paredes y montañas, nadando, jugando deportes y bailando sin ninguna limitación.

Por mi parte, siempre me ha gustado comer bien y probar nuevos platos, especialmente aquellos que vienen de distintos lugares del mundo. Una de mis comidas favoritas es la mexicana, no necesariamente las versiones mexicanas que se han vuelto muy populares en Estados Unidos sino la auténtica comida mexicana.

La explicación de cómo dos amantes de la buena comida terminaron metidos en esto viene a continuación, pero antes quiero contarles que muchas personas han acusado a Raúl de haberse realizado una operación quirúrgica que se conoce como *bypass* gástrico y no querer decirlo. Las personas que conocen a Raúl podrían saber muy bien que él siempre dice las cosas como son, gústeles o no les guste. Y si se hubiera hecho esa operación, ya lo hubiera dicho. La pérdida de peso de Raúl ha sido basada en la determinación, la disciplina y el deseo de lograr una meta.

Déjenme contarles que la idea de la dieta empezó después de unas vacaciones familiares en junio de 2007, cuando comimos y bebimos a nuestras anchas en Venecia y Londres. Yo tenía programada una cirugía en el pie derecho para el dos de julio de ese año debido a una fractura que había sufrido. No sólo tendría que tener mi pierna en una bota de yeso, sino que no podría caminar por 11 semanas. Como no podría hacer ejercicio y Raúl estaba triste y preocupado por su aumento de peso, que contrariaba las recomendaciones de su médico, decidimos empezar la dieta.

Esta dieta era diferente a todas las otras que había hecho, o más exactamente, había tratado de hacer en el pasado. La razón: en esta oportunidad, estábamos haciendo la dieta juntos y dándonos apoyo el uno al otro. La dieta ha sido una bendición para nosotros porque Raúl no sólo perdió peso sino que hemos aprendido a comer más saludable que en el pasado; esto es un verdadero cambio en nuestro estilo de vida. Al principio, comer cada tres horas y además renunciando al azúcar, la sal, la mantequilla y los carbohidratos parecía difícil, pero no resultó así. Lo mejor de todo es que esta forma de comer no te da la oportunidad ni siquiera de sentir hambre.

Raúl ama los dulces y siempre han sido su debilidad. Espero que se imaginen el gran sacrificio que le tocó hacer, pero él era consciente de que, a pesar de que trataba de comer sano, la mantequilla, la harina y el azúcar presente en los postres eran los verdaderos responsables de su sobrepeso. Esta dieta me ha demostrado lo fuerte y determinado que es Raúl. Se enfocó totalmente en su dieta y en sus ejercicios, alcanzó su meta y ahora está esforzándose por no ganar las libras que ha perdido, a la vez que ha mejorado su calidad de vida. Pero considero que lo más importante que ha hecho es reforzar los hábitos buenos que traía de antes, abandonar los malos y aprender nuevos.

En esta etapa de su vida, Raúl me ha demostrado su fuerza de voluntad y su disciplina. Esto me ha estimulado a motivarlo en todo momento y recordarle durante todo este proceso lo que ha logrado y lo que aún puede lograr. Raúl ha hecho muchos sacrificios, ha dejado de comer postres, ha dejado de salir a comer todas las noches como acostumbrábamos y seguimos sin salir a comer muchas veces, todo para que siga logrando su meta. También lo he estimulado a que juegue tenis y a que salgamos a caminar juntos, dos excelentes ejercicios que les recomiendo a todos, sobre todo este último porque caminar también es una oportunidad para compartir y conectarse aún más.

Para poder entender la importancia de lo que Raúl ha logrado con su pérdida de peso, tienen que entender lo importante que es la comida para Raúl, y no es simplemente cualquier tipo de comida, sino buena. Tampoco es el simple hecho de comer sino toda la experiencia que el comer envuelve.

Mi primera introducción al mundo de la comida de Raúl fue en una fiesta en su apartamento, poco tiempo después de habernos conocido. La comida era hindú y tenía hasta un mesero con turbante puesto. Claro que había deliciosas entradas que eran casi todas fritas. Al final, llegó el postre y éste era una especie de tarta de frutas, deliciosa y fuera de lo ordinario. Fue después de esa oportunidad que aprendí de Raúl el arte de la buena mesa y a apreciar todas las comidas no importa que éstas fueran sopas caseras en nuestro barrio o las experiencias gastronómicas más exóticas en un sitio donde la comida se vuelve arte, como es *El Bulli*.

Nunca he conocido a alguien que disfrute tanto comer como Raúl. Crecí con comida cubana, francesa e italiana con visitas ocasionales a un restaurante chino, y cuando fui a estudiar a New Orleans, una de las ciudades más importantes de Estados Unidos en cuanto a la cocina, aprecié mucho más la comida. En New Orleans aprendí a disfrutar de la cocina local, que incluye paloma y ardilla, así como de la cocina proveniente de distintas partes del mundo. Una vez que conocí a Raúl, la variedad se expandió aún más. Yo siempre lo molesto diciendo que él fue afortunado en casarse con alguien que disfruta probar todos los tipos de comida y los aprecia, no como un amigo de nosotros que se casó con una mujer que no aprecia la buena cocina ni mucho menos su costo.

Ésta es una de las cosas que Raúl siempre dice. A él no le importa cuánto paga por una comida, siempre y cuando sea buena. Salir a comer afuera es todo un plan para él. Es la atmósfera, el servicio, la presentación y la calidad de los platos. No hay nada que disfrute más que una buena comida con sus amigos y, si dura de dos a tres horas, mucho mejor. Disfruta mucho también conociendo al chef y visitando la cocina, no tanto para ver el lugar donde han preparado la comida sino para saludar a la gente que la ha hecho y, para su gran satisfacción, muchos son latinos. Raúl no se cansa de afirmar que detrás del éxito de los mejores restaurantes de Estados Unidos están las manos de los cocineros latinos. A él le gusta saludarlos, felicitarlos y tomarse fotos con ellos, así como con los chefs. Es de verdad un experto. Conoce los mejores y los más nuevos restaurantes en cada ciudad que visitamos, por eso disfruta cuando lo llaman para pedirle recomendaciones y, en esos casos, no deja fuera ningún detalle.

Uno de nuestros eventos favoritos es el South Beach Wine and Food Festival. Raúl espera con ansias una cena muy especial que preparan donde le rinden homenaje a un chef muy conocido, donde otros chefs también conocidos preparan cada uno un plato diferente en honor al chef de turno. Así ha conocido a muchos de los chefs más importantes del mundo y muchas fotos son testigos de esos emocionantes encuentros. ¡Ése es el único otro momento de su vida donde Raúl está detrás de las estrellas, en este caso no de la televisión o la música, sino de la cocina! O casi, porque también se convierte en un fan más cuando conoce a los corredores de autos, como le pasó cuando conoció a Emerson Fittipaldi, Adrián Fernández o Juan Pablo Montoya.

Otro propósito de salir a comer fuera de casa es para relajarse y distraerse después de un largo y complicado día de trabajo. A él le gusta salir casi todas las noches y prácticamente se ha convertido en una rutina para nosotros en los últimos 10 años.

A pesar de que los malos hábitos son difíciles de romper, cuando Raúl decidió hacer la dieta, dejar de salir a comer afuera y perder peso, fue capaz de hacerlo. Raúl nos ha demostrado que una vez que estemos enfocados en perder peso haciendo los cambios necesarios en nuestros estilos de vida, lo logramos y ni siquiera hay tiempo para mirar atrás. Ésta es la única forma de alcanzar la meta que nos hemos propuesto.

Raúl tuvo que renunciar a uno de los grandes placeres de su vida para poder perder peso. Gracias a esa fuerza de voluntad y determinación, pudo hacerlo y continúa haciéndolo.

Ahora quiero también hablarles de una experiencia diferente a la de esposa. Desde que Raúl y yo nos convertimos en padres, lo que Mía come siempre ha sido un tema que ha llamado nuestra atención. Siempre buscamos que se incline por los alimentos nutritivos y saludables. Puedo decir que ella come muy poco o, mejor, casi ninguno de los alimentos con los que yo fui criada: arroz, las papas y los plátanos fritos, los invitados más frecuentes a las mesas de los hogares cubanos y en la mayoría de los hogares latinos.

La semana antes de escribir este capítulo me encontraba en Los Ángeles con Raúl y dos personas por separado me hablaron de la pérdida de peso. Un hombre me contó cómo sus dos hijos mayores han perdido 100 y 35 libras, respectivamente. Otro también me habló de su hija con sobrepeso y de la solución que habían encontrado para que perdiera las libras que tenía de más. Si se fijan detenidamente, cada día es más frecuente que los problemas de peso sean un tema de conversación ordinaria, bien sea el peso de las personas o de sus hijos. Considero que esto es conveniente porque se deja el tabú de los temas de peso al lado y se inicia una conversación abierta y sincera sobre un problema que nos afecta a casi todos.

Quiero contarles que me entristece mucho ver niños obesos o con sobrepeso. Recuerdo especialmente uno de mis primeros casos, cuando visitaba casas como trabajadora social de la escuela. Había un jovencito que tenía un problema crónico con la asistencia. El muchacho venía de un hogar desmembrado, todos los tres hermanos no sólo tenían problemas de sobrepeso sino que tenían problemas académicos, además de los de asistencia. Comía todos los alimentos equivocados, el hogar no tenía ningún tipo de base y siempre hacía falta dinero. A veces no tenían ropa que les sirviera para ir a la escuela y la madre siempre presentaba excusas a la inasistencia alegando enfermedades reales o imaginarias.

En esos casos no es fácil determinar si la obesidad es la consecuencia de las circunstancias o una de las causas del problema, pero lo que sí es cierto es que esta situación estaba convirtiéndose en un factor que limitaba las posibilidades de desarrollo, crecimiento y superación de un joven, para el cual las oportunidades se presentaban cada vez, paradójicamente, en escala más pequeña. Casos como éste son los que disparan las alarmas de lo que puede generar la obesidad en los niños y jóvenes. Es mucho más que un problema de salud, incluso de salud pública. Es una epidemia que puede comprometer el futuro de una generación.

Tanto Raúl como yo siempre hemos estado muy pendientes de lo que Mía come y de las bebidas que toma. Le hemos enseñado que las bebidas sodas tienen altos contenidos de azúcar y, como le gusta mucho la limonada y el jugo de arándano, entonces le compramos la versión *light* y la mezclamos con agua. En cuanto a alimentos, come pescado, pollo, carne y vegetales. Cuando nos acompaña a comer, siempre ordena del menú regular y no del de niños que, parece mentira, pero en esta sección están siempre las alternativas menos saludables de todo el menú. A veces en esas cinco o seis opciones, ¡hay más calorías que en todos los platos principales del menú!

Y claro que a Mía le gusta la pizza, las papas a la francesa y los *chicken fingers*, uno de los platos más populares entre nuestros niños. Siempre se los dejamos comer pero con moderación. Para sus meriendas buscamos alternativas *sugar free* o por debajo de las 100 calorías. Cuando voy a la tienda, me gusta leer las etiquetas con la información nutricional de los productos que ella me encarga. Ella conoce perfectamente todos estos productos porque los niños de hoy son constantemente "bombardeados" con publicidad que los promueven en los canales para niños. Cuando Raúl la cuestiona sobre un nuevo producto, ella le recuerda que yo leo las etiquetas. Como mamá, estoy tranquila porque al menos esta conciencia ya está creada, y éste es un paso muy importante.

Sobre los alimentos, quiero decirles algo que considero importante: si no puede preparase comida fresca en la casa, no abran una lata o una caja. Esas comidas están cargadas con sal y preservativos. Al menos en casa, tratemos de controlar las comidas de los niños. Sí es cierto, hay comidas que no podemos controlar, que se salen de nuestro alcance, como las que se sirven en las escuelas y a las cuales Raúl ya se refirió. Pero al menos en casa, donde no tenemos excusa, la comida sana y saludable debe ser una regla general. Y, por favor, no los deje que coman simplemente para matar el aburrimiento.

Como padres, debemos conocer qué están comiendo nuestros hijos, con qué se están alimentando. Ellos deben comer tan saludable como sea posible y debemos estar seguros de que ellos tomen bebidas que no afecten su salud. Los niños deberían saber lo que comen y lo que es saludable y nutritivo. Díganles a sus hijos la importancia que tienen esos alimentos. Siempre le advierto a Mía cuando ella no puede comer algo porque no es saludable pero con una sociedad obsesionada con el peso, trato de evitar adjetivos como "gordo" y "flaca" en estas conversaciones cuando nos referimos a alimentos y a su apariencia, a pesar de que son palabras que por otra naturaleza y por obvias razones forman parte de nuestro lenguaje diario... pero en mayúsculas. Sin embargo, ellos ya conocen del problema porque con frecuencia es traído a la televisión y como tema de conversación entre los amigos.

Nuevamente quiero repetirles que, tanto en el caso de los niños como en el de los adultos, se debe encontrar una dieta balanceada, sana y ajustada al estilo de cada persona para que así se convierta en parte integral de nuestras vidas.

La actividad física también es muy importante, sobre todo en los niños. Hagamos todo lo posible para que nuestros hijos sean niños activos, envueltos en actividades físicas y en la práctica de un deporte que les ayude en su motricidad y desarrollo físico y mental. Esto es en general un asunto familiar, donde todos tenemos que aprender a comer saludable, a sentirnos bien y a llevar una vida sana y productiva.

Para finalizar, quiero decirles que estoy totalmente orgullosa de mi esposo y lo admiro profundamente por lo que ha logrado y por el ejemplo que ha dado, asimismo, a nuestra familia y a las demás personas.

Reflexiones finales

Haber perdido peso es lo mejor que hice en mi vida. No sólo por mi salud: me veo y me siento mejor; es como si hubiera vuelto a nacer. Si tuviera que volverlo a hacer, lo haría. Y siempre me pregunto: ¿por qué no lo hice antes?, ¿por qué no lo hice hace 10 o 15 o 20 años? Siempre quise hacer una dieta como esta que me ha cambiado la vida por completo y ojalá pudiera seguir perdiendo peso. Después de haber perdido 70 libras, ¿por qué no perder 100? Pero debo darme por satisfecho porque ahora he bajado más de 100 libras de lo que pesaba cuando me casé. Ahora soy otra persona.

Cuando era más joven y la gente me preguntaba acerca de mi gordura, siempre le decía que no tenía ningún problema pues puedo saltar, correr y siempre fui muy ágil; pero eso no lo es todo. Cuando pierdes peso, la gente empieza a verte con otra cara, con otros ojos, te trata diferente... No sé por qué existe el problema de que muchas personas no te miran bien cuando estás gordo. Yo no entiendo por qué.

Éste es el momento para volver a decir que nunca me he sentido acomplejado ni mucho menos discriminado por ser gordo; pero sí considero que a los gordos en general nos tratan diferente. Yo, al estar gordo, soy el primero en criticar a una persona que se halla muy gorda, como les comenté anteriormente. Esa actitud no es parte del problema sino sólo una manifestación. Lo que de verdad debe importarnos es estar conscientes de que la obesidad es una enfermedad y de que las personas con sobrepeso o que simplemente quieran verse mejor tienen a la mano herramientas para volver a comprar la salud y, en muchos casos, la autoestima y la felicidad perdida.

Cuando me veo frente a un espejo y aprecio cómo me sirve la ropa y que luzco mejor que antes, me siento también satisfecho conmigo mismo por haberlo logrado. No puedo decir que es una batalla que he ganado pues sé que voy a tener que seguir luchando toda mi vida, pero de pronto el paso más importante en esta lucha ya ha sido dado y los resultados son evidentes. La satisfacción que había tenido este año no la había tenido nunca en mis 49 años de vida. Me ha cambiado la vida por completo, me siento más feliz y me veo más feliz. Lo siento y se nota.

Ahora el dilema es: ¿me opero la barriga o no?, porque el problema que tengo ahora es que la barriga está flácida y caída. Así podría medir mínimo 15 cm menos de ancho. Incluso cuando pesaba 374 libras, nunca tuve unas extremidades gordas. Mi sobrepeso se concentraba en la barriga y en la parte superior del torso. Por eso, al perder peso, esa barriga cae aún más. Mucho me han recomendado un proceso quirúrgico llamado *tummy tuck*, que es una operación con una recuperación de más de un mes mediante la cual te abren la barriga y te quitan lo que te sobra. Por mucho ejercicio que yo haya hecho, no se me ha quitado porque eso no desaparece cuando se han perdido grandes cantidades de peso.

Hasta ahora no me de decidido porque, después de la operación del riñón, no quisiera someterme a otro procedimiento que no sea necesario. Pero esa preocupación es mínima comparada con todo lo que me he beneficiado. La verdadera preocupación mía es seguir con la dieta, continuar la batalla toda mi vida y, si desfallezco, regresar con más fuerza para mantenerme. Afortunadamente, he realizado en mi vida los ajustes necesarios para que este proceso sea más fácil, puedo convivir con ella, tanto que es mi nueva vida, y a veces, como recuerdo de lo que comía antes, sólo quedan las fotos del pasado. Y esos ajustes, acompañados de mis vivencias, son los que he querido compartir con ustedes a lo largo de las páginas de este libro que casi llega a su fin.

Quiero agradecer a todas las personas que me ayudaron en este proceso, empezando por mi esposa Mily y mi hija Mía y también a mis amigos y la gente, tanto conocidos como desconocidos, que me apoyaban, muchas veces sin saberlo, cada vez que me decían: "qué bien estás", "qué bien te ves" y que siguiera adelante. Agradezco asimismo a mis entrenadores Johnny, Eric Zambrano y John Azzari, a quien recuerdo con mucho cariño porque fue mi primer entrenador y quien me hizo valorar la importancia del ejercicio. A Anna Amad, de *South Beach Cantina*, a quien contraté para que me hiciera llegar diariamente recetas bajas en carbohidratos que me enseñaron a volver a comer. A Marie Almond, del *South Beach Diet*, quien me enseñó los alimentos que trabajaban para mí y los principios básicos de esa dieta que adapté a mis necesidades y gustos, como creo que toda persona debe hacer con este tipo de regímenes. A Candy, quien cuida a Mía y que en las mañanas siempre estaba pendiente a la hora del desayuno de si seguía perdiendo peso. En estos momentos me acuerdo de Don Francisco, quien siempre que nos cruzábamos en los pasillos de Univisión me decía: "Te vas a morir joven. No conozco ningún gordo que llegue a viejo. Ponte a ver: tienes que adelgazar". Y él lo dice porque es una batalla que ha tenido toda su vida. A todas estas personas que me ayudaron quiero darles las gracias.

Deseo hacer una mención especial a mi querida madre, quien falleció poco antes de que terminara de escribir este libro. Aunque ella me dio de comer mucho cuando era niño y después cuando era un adolescente, era la más feliz cuando empecé a perder peso y estaba muy pendiente de que no fuera a recuperar una de las libras perdidas. Me llamaba y me decía: "Te vi en televisión. Parece que has aumentado como cinco libras. ¡Adelante! Tienes que seguir con la dieta". A ella le dedico este libro.

ANEXO

Menú prototipo para 30 días: delicioso y práctico

Las siguientes son sugerencias para una dieta de 30 días. Todos los platos son intercambiables y pueden ser ajustados de acuerdo con sus gustos y presupuestos, pero los principios, recomendaciones y consejos que hemos mencionado a lo largo de este libro no deben ser cambiados. Para no hacerles la vida complicada, traté de colocar platos conocidos cuyas recetas pueden encontrar en cualquier libro de cocina saludable o en internet y, cuando no, hago mención especial de los ingredientes. También quiero aclararles que yo no tomo café al desayuno, pero sé que muchas personas necesitan empezar su día con esta bebida, por eso la incluí pero, ¡ojo con el azúcar!

Día 1

Desayuno
- Café
- Jugo natural de tomate bajo en sodio
- *Omelet* de claras de huevo con pimientos y champiñones

Snack
- Tallitos de apio con queso suizo para untar *fat free*

Almuerzo
- Sopa de lentejas
- Filete de pechuga de pollo a la plancha
- Ensalada mediterránea con espinaca, tomate y cubos de queso bajo en grasa y sal
- Pudín de chocolate sin azúcar

Snack
- Berenjenas asadas con aceite de oliva

Cena
- Sopa de vegetales
- Pescado asado
- Habichuelas con almendras tostadas y ajo
- Ensalada de lechuga, tomates secos y aceite de oliva

Día 2

Desayuno
- Café
- Jugo de vegetales
- Yogurt bajo en grasa y sin azúcar
- Huevos revueltos mexicanos de claras de huevo con ajíes

Snack
- Porción pequeña de almendras crudas o asadas sin sal

Almuerzo
- Sopa de tomate sin crema
- Ensalada de atún con base de lechugas
- Gelatina sin azúcar

Snack
- Rollitos de jamón de pavo y queso (ambos deben ser bajo en grasa y sal)

Cena
- Caldo casero de pollo, zanahoria y apio
- Pollo con salsa de pimientos y ajíes
- Ensalada griega con pepinos, tomates, cebolla y aceitunas

Día 3

Desayuno
- Café
- Jugo de apio
- *Omelet* Bandera de España con claras de huevo, tomates y queso amarillo bajo en grasa y sal

Snack
- Pepinos rellenos de ensalada de atún

Almuerzo
- Sopa de frijoles rojos
- Carne asada con chimichurri
- Ensalada de espinaca con tomate y aguacate
- Pudín de vainilla

Snack
- Cubos de queso tofu asados

Cena
- Pescado guisado con tomate y cebolla
- Garbanzos hervidos con tomate y cilantro
- Ensalada de lechuga y tomates verdes

Día 4

Desayuno
- Café
- Jugo de zanahoria y apio
- *Omelet* Dálmata con claras de huevos y champiñones

Snack
- Media porción de ensalada de pollo

Almuerzo
- Sopa de brócoli sin crema
- Pollo guisado con pimientos rojos y verdes
- Ensalada de lentejas
- Gelatina sin azúcar

Snack
- Pimentón relleno de vegetales y queso bajo en grasa y sal

Cena
- Sopa de arvejas
- Pescado asado
- *Chop suey* de brócoli, cebolla, tomate y raíces chinas

Día 5

Desayuno
- Café
- Jugo de tomate con apio
- Yogurt bajo en grasa y azúcar
- Huevos revueltos Cancún con claras de huevo, tomates, pimientos y salsa verde

Snack
- Zanahorias pequeñas con queso crema sin grasa

Almuerzo
- Sopa de vegetales
- Camarones asados
- Ensalada de lechugas y pepinos

Snack
- *Mini capresse:* Ensalada de tomate y queso bajo en grasa y sal

Cena
- Sopa de pimientos asados sin crema
- Pechuga de pollo rellenas de espinaca
- Brócoli al vapor
- Ensalada de lechugas salpicadas de ajonjolí

Día 6

Desayuno
- Café
- Jugo de apio, pepino y hierbabuena
- *Omelet* Italia de claras de huevo con tomates secos y queso bajo en grasa y sal

Snack
- Porción de almendras y nueces

Almuerzo
- Caldo de pescado, tomate y cebolla
- Ensalada de pollo sobre base de vegetales
- Gelatina sin azúcar

Snack
- Tomates rellenos de atún

Cena
- Picadillo de carne con tomate y cilantro
- Garbanzos hervidos
- Ensalada verde
- Pudín sin azúcar y bajo en grasa

Día 7

Desayuno
- Café
- Jugo de tomate
- Yogurt bajo en grasa y sin azúcar
- Tortilla Popeye con claras de huevo y espinacas

Snack
- Ensalada griega de pepino, tomate, cebolla y aceitunas.

Almuerzo
- Sopa de tomate sin crema
- Pescado asado a las hierbas
- Ensalada de lechuga, tomate y perejil
- Gelatina sin azúcar

Snack
- Guacamole con tronquitos de apio

Cena
- Ensalada Fiesta con espinaca, queso *mozzarella* bajo en grasa y sin sal en cubos y ajonjolí
- Brocheta de carne con pimiento rojo y verde y cebolla
- Pudín de vainilla

Día 8

Desayuno
- Café
- Jugo de tomate y apio
- *Omelet* con claras de huevo y tocineta de pavo bajo en grasa

Snack
- Ensalada de brócoli y apio hervidos con gotas de limón

Almuerzo
- Chili con vegetales
- Filete de pescado con limón
- Ensalada de espárragos con ajonjolí
- Pudín de vainilla bajo en grasa y sin azúcar

Snack
- Pimiento rellenos de ensalada de atún

Cena
- Hamburguesas de pavo —¡Sólo la carne, no el pan!—
- Ensalada *capresse* de queso bajo en grasa y sal y tomate
- Arvejas y cubitos de zanahoria hervidos
- Brócoli coronado de mostaza

Día 9

Desayuno
- Café
- Jugo de pepino
- Yogurt bajo en grasa y sin azúcar
- Tortilla con claras de huevo, queso bajo en grasa y sal y vegetales

Snack
- Berenjena asada

Almuerzo
- Sopa de brócoli sin crema
- Langostinos en salsa de mostaza
- Ensalada de pepinos verdes y cebolla roja
- Gelatina sin azúcar

Snack
- Enchilada de frijoles negros

Cena
- Sopa de apio
- Cubos de pollo con pimientos
- Ensalada César sin crutones y aderezo *light*
- Aguacate relleno de picadillo de tomate

Día 10

Desayuno
- Café
- Jugo de vegetales
- Yogurt bajo en grasa y sin azúcar
- *Omelet* Jardinera con claras de huevo con brócoli y apio

Snack
- Media porción de ensalada de pollo

Almuerzo
- Sopa de espinaca sin crema
- Lomo al limón
- Ensalada de espárragos con salsa de yogurt plano sin grasa y hierbas
- Pimiento rojo relleno de vegetales
- Pudín de chocolate bajo en grasa y sin azúcar

Snack
- Ensalada hindú con garbanzos, frijoles, cilantro, pepinos y pimientos

Cena
- Sopa de lentejas
- *Lasagna* de berenjena sin pasta (*Eggplant parmiggiana*) con queso bajo en grasa y sal
- Ensalada verde
- Gelatina sin azúcar

Día 11

Desayuno
- Café
- Jugo de tomate
- Tortilla Italia con claras de huevo, queso *mozzarella* bajo en grasa y en sal, tomate y espinaca

Snack
- Tomate relleno de ensalada de atún

Almuerzo
- Sopa de frijoles cabecita negra
- Filete horneado de pescado al limón
- Ensalada de espinaca y rábanos
- Pudín de chocolate bajo en grasa y sin azúcar

Snack
- Batido de leche descremada, almendras y yogurt de vainilla sin grasa y azúcar

Cena
- Sopa de brócoli y tomate
- Ensalada de pollo sobre base de vegetales
- Cazuela de calabaza y calabacines con salsa de tomate
- Gelatina sin azúcar

Día 12

Desayuno
- Café
- Jugo de vegetales
- Yogurt bajo en grasa y sin azúcar
- *Omelet* Embrujo con claras de huevo, tocineta de pavo y champiñones

Snack
- Ceviche de pescado

Almuerzo
- Sopa de espinaca
- Ensalada de cubos de pechuga de pollo con mostaza sobre base de lechuga
- Habichuelas hervidas con queso rallado bajo en grasa y en sal
- Pudín de vainilla sin azúcar

Snack
- Croquetas de lenteja y zanahoria horneadas

Cena
- Carne asada
- Cazuela de frijoles rojos
- Ensalada de vegetales con tomates verdes

Día 13

Desayuno
- Café
- Jugo de tomate
- *Omelet* Eco con claras de huevo, brócoli y queso bajo en grasa y en sal

Snack
- Ensalada de pepinos en salsa de yogurt bajo en grasa y sin azúcar

Almuerzo
- Sopa de arvejas
- Ensalada César con langostinos, sin crutones y con aderezo *light*
- Espinacas hervidas aderezadas con una cucharada de aceite de oliva, salpicadas de ajonjolí

Snack
- Media porción de ensalada de pollo sobre lechugas

Cena
- Pescado a las finas hierbas
- Ensalada de palmitos con mostaza
- Tofu asado sobre base de alfalfa
- Gelatina sin azúcar

Día 14

Desayuno
- Café
- Jugo de pepino, apio y perejil
- Yogurt bajo en grasa y sin azúcar
- Tortilla Polka con claras de huevo y arvejas

Snack
- Tomates rellenos de ensalada de atún sobre lechuga

Almuerzo
- Sopa de lentejas
- Carne asada
- *Tabouli light:* Perejil, tomate, cebolla y hojas de mentas picadas con aderezo de aceite de oliva, limón y páprika o pimienta negra
- Gelatina sin azúcar

Snack
- Mini zanahorias con queso para untar bajo en grasa y en sal

Cena
- Sopa de vegetales
- Pescado horneado
- Berenjena horneada
- Ensalada verde
- Pudín de chocolate sin azúcar y bajo en grasa

Día 15

Desayuno
- Café
- Jugo de vegetales
- Yogurt bajo en grasa y sin azúcar
- *Omelet* Candy con claras de huevo y calabaza

Snack
- Espárragos envueltos en jamón de pavo bajo en grasa y en sal

Almuerzo
- Sopa de tomate
- Brochetas de pollo
- Ensalada griega con pepinos, tomates, cebolla y aceitunas
- Cacerola de coliflor gratinada con queso bajo en grasa y sin sal

Snack
- Almendras asadas sin sal

Cena
- Caldo de pescado con zanahoria y habichuelas
- Ceviche peruano
- Ensalada de espinacas, tomates secos y semillas de calabaza
- Gelatina sin azúcar

Día 16

Desayuno
- Café
- Jugo de tomate
- Yogurt bajo en grasa y sin azúcar
- Tortilla con claras de huevo y espinacas

Snack
- Tallitos de apio con queso suizo para untar *fat free*

Almuerzo
- Sopa de calabacines
- Hamburguesas de pavo —¡sin pan ni mayonesa!—
- Habichuelas con almendras tostadas y ajo
- Ensalada de lechuga, tomates secos, cilantro y aceite de oliva

Snack
- Porción pequeña de almendras crudas o asadas sin sal

Cena
- Sopa de tomate sin crema salpicada con queso parmesano
- Ensalada de pollo con base de lechuga
- Gelatina sin azúcar

Día 17

Desayuno
- Café
- Jugo natural de pepino, apio y menta
- *Omelet* Tricolor de claras de huevo con pimientos rojos, verdes y amarillos

Snack
- Berenjenas asadas con aceite de oliva

Almuerzo
- Sopa de brócoli y tomate
- Langostinos en salsa de mostaza
- Ensalada de espinaca, tomate y perejil
- Pudín de vainilla sin azúcar

Snack
- Rollitos de jamón de pavo y queso (ambos deben ser bajos en grasa y sal)

Cena
- Sopa de frijoles rojos
- Muslos de pollo asados a la parrilla con salsa verde
- Ensalada de vegetales frescos
- Gelatina sin azúcar

Día 18

Desayuno
- Café
- Jugo de tomate
- Huevos revueltos "Cero Tentación" con claras de huevo, tomate rojo y queso bajo en grasa y sin sal

Snack
- Pepinos rellenos de ensalada de atún

Almuerzo
- Crema de espinaca con leche descremada
- Pescado a la parrilla
- Ensalada de lechuga, espinaca y tomates verdes
- Gelatina sin azúcar

Snack
- Ensalada con pepino y aderezo *tzatziki* de yogurt plano bajo en grasa y hojas de menta

Cena
- Picadillo de carne con tomate
- Garbanzos hervidos
- Ensalada de lechuga salpicada de ajonjolí
- Pudín de vainilla sin azúcar y bajo en grasa

Día 19

Desayuno
- Café
- Jugo de vegetales
- Yogurt bajo en grasa y sin azúcar
- *Omelet* de claras de huevo con tomates y queso bajo en grasa y sal

Snack
- Guacamole con tronquitos de apio

Almuerzo
- *Chili* con vegetales
- Pollo al limón
- Ensalada verde
- Pudín de chocolate bajo en grasa y sin azúcar

Snack
- Ensalada hindú con garbanzos, frijoles, pepinos y pimientos

Cena
- Sopa de espinaca sin crema
- Brocheta de pescado
- Pimiento rojo relleno de vegetales

Día 20

Desayuno
- Café
- Jugo de tomate
- Yogurt bajo en grasa y sin azúcar
- *Omelet* Jardinera con claras de huevo con brócoli y apio

Snack
- Media porción de ensalada de pollo

Almuerzo
- Sopa de arvejas
- *Lasagna* de berenjena sin pasta (*Eggplant parmiggiana*) con queso bajo en grasa y sal
- Ensalada de espinaca
- Pudín de chocolate bajo en grasa y sin azúcar

Snack
- Croquetas de atún horneadas y sin harina

Cena
- Lomo asado a la pimienta
- Cazuela de frijoles rojos
- Ensalada de vegetales con tomates verdes y cilantro

Día 21

Desayuno
- Café
- Jugo de pepino, apio y perejil
- Yogurt bajo en grasa y sin azúcar
- Tortilla con claras de huevo y brócoli

Snack
- Mini zanahorias con queso para untar bajo en grasa y en sal

Almuerzo
- Sopa de vegetales
- Pescado a la parrilla
- Ensalada verde
- Pudín de chocolate sin azúcar y bajo en grasa

Snack
- Espárragos envueltos en jamón de pavo bajo en grasa y en sal

Cena
- Brochetas de pollo
- Ensalada griega con pepinos, tomates, cebolla y aceitunas
- Cacerola de coliflor gratinada con queso bajo en grasa y sin sal

Día 22

Desayuno
- Café
- Jugo de tomate con apio
- Yogurt bajo en grasa y azúcar
- Huevos revueltos Cancún con claras de huevo, tomates, pimientos y salsa verde

Snack
- Ensalada de brócoli y apio hervidos con gotas de limón

Almuerzo
- Sopa de perejil
- Cubos de pollo con pimientos
- Ensalada de pepinos verdes y cebolla roja
- Aguacate relleno de picadillo de tomate

Snack
- Berenjena asada

Cena
- Sopa de tomate sin crema
- Filete horneado de pescado al limón
- Ensalada verde
- Gelatina sin azúcar

Día 23

Desayuno
- Café
- Jugo natural de tomate bajo en sodio
- *Omelet* de claras de huevo con pimientos y champiñones

Snack
- Batido de leche descremada, almendras y yogurt de vainilla sin grasa y azúcar

Almuerzo
- Sopa de vegetales
- Lomo a la mostaza
- Ensalada hindú con garbanzos, frijoles, pepinos y pimientos en cubos
- Berenjena horneada
- Gelatina sin azúcar

Snack
- Croquetas de lenteja y zanahoria horneadas

Cena
- Pescado a las finas hierbas
- Ensalada de vegetales con tomates verdes
- Tofu asado sobre base de alfalfa

Día 24

Desayuno
- Café
- Jugo de vegetales
- Claras de huevo revueltas a la mexicana con ajíes

Snack
- *Mini capresse*: Ensalada de tomate y queso bajo en grasa y sal

Almuerzo
- Sopa de lentejas
- Brochetas de pollo
- Ensalada griega con pepinos, tomates, cebolla y aceitunas
- Pudín de chocolate sin azúcar y bajo en grasa

Snack
- Ensalada de pepinos en salsa de yogurt bajo en grasa y sin azúcar

Cena
- Caldo casero de pollo, apio y zanahoria
- Ensalada César con langostinos, sin crutones y con aderezo *light*
- Cacerola de coliflor gratinada con queso bajo en grasa y sin sal

Día 25

Desayuno
- Café
- Jugo de zanahoria y apio
- *Omelet* Dálmata con claras de huevo y champiñones

Snack
- Tomates rellenos de ensalada de atún sobre lechuga

Almuerzo
- Sopa de tomate y habichuelas
- Filete de pescado a la parrilla
- *Tabouli light:* Perejil, tomate, cebolla y hojas de mentas picadas con aderezo de aceite de oliva, limón y páprika o pimienta negra
- Gelatina sin azúcar

Snack
- Mini zanahorias con queso para untar bajo en grasa y en sal

Cena
- Caldo de pescado con zanahoria y habichuelas
- Pollo al limón
- Ensalada de espinacas, tomates secos y semillas de calabaza
- Gelatina sin azúcar

Día 26

Desayuno
- Café
- Jugo de apio
- *Omelet* Bandera de España con claras de huevo, tomates y queso amarillo bajo en grasa y sal

Snack
- Porción de almendras y nueces crudas o asadas sin sal

Almuerzo
- Sopa de espinaca
- Lomo asado
- Espárragos blancos fríos con mostaza
- Ensalada de lechuga, tomates secos y aceite de oliva

Snack
- Tallitos de apio con queso suizo para untar *fat free*

Cena
- Sopa de tomate sin crema
- Ensalada de atún con base de lechuga
- Gelatina sin azúcar

Día 27

Desayuno
- Café
- Jugo de tomate
- Yogurt bajo en grasa y sin azúcar
- Tortilla Popeye con claras de huevo y espinacas

Snack
- Cubos de queso tofu asados

Almuerzo
- Caldo de pescado y zanahoria
- Pollo asado a la parrilla
- *Chop suey* de brócoli, cebolla, tomate y raíces chinas

Snack
- Ensalada de brócoli y apio hervidos con gotas de limón

Cena
- *Ceviche* de pescado con limón
- Ensalada verde salpicada con granos de ajonjolí
- Gelatina sin azúcar

Día 28

Desayuno
- Café
- Jugo de pepino
- Yogurt bajo en grasa y sin azúcar
- Tortilla con claras de huevo, queso bajo en grasa, sal y vegetales

Snack
- Pimiento rellenos de ensalada de pollo sobre base de lechuga

Almuerzo
- Chile vegetariano
- Hamburguesas de pavo —¡sólo la carne, no el pan y recuerden nuevamente: sin mayonesa!—
- Ensalada de espinaca, lechuga y tomates verdes
- Pudín de vainilla bajo en grasa y sin azúcar

Snack
- Batido de leche descremada, almendras y yogurt de vainilla sin grasa ni azúcar

Cena
- Sopa de brócoli y tomate
- Lasagna de berenjena sin pasta (*Eggplant parmiggiana*) con queso bajo en grasa y sal
- *Tabouli light:* Perejil, tomate, cebolla y hojas de mentas picadas con aderezo de aceite de oliva, limón y páprika o pimienta negra
- Gelatina sin azúcar

Día 29

Desayuno
- Café
- Jugo de vegetales
- Yogurt bajo en grasa y sin azúcar
- *Omelet* Candy con claras de huevo y calabaza

Snack
- *Ceviche* de pescado

Almuerzo
- Sopa de lentejas
- Carne asada
- Cacerola de coliflor gratinada con queso bajo en grasa y sin sal
- Pudín de vainilla sin azúcar

Cena
- Sopa de apio
- Ensalada de atún sobre base de lechuga
- Aguacate relleno de picadillo de tomate
- Gelatina sin azúcar

Día 30

Desayuno
- Café
- Jugo de tomate
- *Omelet* Eco con claras de huevo, brócoli y queso bajo en grasa y en sal

Snack
- Croquetas de lenteja y zanahoria horneadas

Almuerzo
- Sopa de queso tofu
- Pescado a la parrilla
- Ensalada de lechuga, palmitos y mostaza
- Gelatina sin azúcar

Snack
- Enchilada vegetariana de frijoles negros

Cena
- Sopa de brócoli y tomate
- Pechuga de pollo al horno rellena de queso sin grasa y bajo en sal y espinaca
- Cazuela de calabacines gratinada con el mismo queso del relleno
- Pudín de vainilla bajo en grasa y sin azúcar

Como sé que me van a escribir o a llamar preguntándome por esto, aquí están algunas de las marcas de los productos que he consumido en mi dieta. No tienen que consumir necesariamente estas mismas; lo hago para que la próxima vez que vayan al supermercado identifiquen el producto, lean sus propiedades e información nutricional y busquen el equivalente en la marca de su predilección. También pueden visitar la página de internet de los supermercados donde generalmente tienen listados de alimentos con sus propiedades e información nutricional.

Almendras: *Blue Diamond Almonds*
Gelatina sin azúcar: *Jell-O Sugar Free*
Jugos de vegetales bajo en sodio: *V8 Low Sodium Tomato Juice y V8 100% Vegetable Juice*
Pudín de vainilla, chocolate y moka sin azúcar ni grasa: *Jell-O Sugar Free Reduced Calorie Pudding*
Queso para untar bajo en grasa: *The Laughing Cow Light Spreadable Original*
Yogurt: *Dannon Light 'n Fit*

Este libro no hubiera podido convertirse en una realidad sin la colaboración de muchas personas. Pero en especial quiero agradecer a Francisco Daza, a todo el equipo de Random House en México y en Estados Unidos, a los editores, fotógrafos y diseñadores gráficos que participaron en este proyecto y también a Luis Balaguer y al staff de su compañía *Latin World Entertainment* por su permanente apoyo.

ÍNDICE

PRIMERA PARTE

La dieta del gordo, de Raúl de Molina
se terminó de imprimir en enero de 2009 en
Quebecor World, S.A. de C.V.
Fracc. Agro Industrial La Cruz
El Marqués, Querétaro
México